A Arte
das Redes
Sociais

Guy Kawasaki
e
Peg Fitzpatrick

A Arte das Redes Sociais

Tradução de
CARLA GOUVEIA

1ª edição

RIO DE JANEIRO – 2017

CIP-BRASIL. CATALOGAÇÃO NA PUBLICAÇÃO
SINDICATO NACIONAL DOS EDITORES DE LIVROS, RJ

K32a
Kawasaki, Guy
A arte das rede sociais / Guy Kawasaki, [Peg Fitzpatrick]; tradução Carla Gouveia. – 1ª ed. – Rio de Janeiro: Best Business, 2017.
208 p.: il.; 14 × 21 cm.

Tradução de: The Art of Social Media
Apêndice
Inclui índice remissivo
ISBN: 978-85-68905-31-9

1. Mídia social. 2. Mídia digital – Aspectos sociais. 3. Comunicação – Inovações tecnológicas. I. Gouveia, Carla. II. Título.

17-39278

CDD: 302.23
CDU: 316l.77

A arte das redes sociais, de autoria de Guy Kawasaki e Peg Fitzpatrick.
Texto revisado conforme o Acordo Ortográfico da Língua Portuguesa.
Primeira edição impressa em agosto de 2017.
Título original norte-americano:
THE ART OF SOCIAL MEDIA

Copyright © 2016 Guy Kawasaki e Pet Fitzpatrick.
Copyright da tradução © 2016 Best Business/Editora Best Seller Ltda.
Edição publicada em acordo com Portfolio, marca do Penguin Publishing Group, uma divisão da Penguin Random House LLC.
Todos os direitos reservados, inclusive o direito de reprodução em todo ou em parte, sejam quais forem os meios empregados.

Créditos das ilustrações: páginas 20, 22, 25, 45, 120, 121, 125, 148, 149, 150, 151, 152, 153, 179, 180: Google Inc., usadas com permissão; 92: MyCrazyGoodLife.com; 104: Peter Adams; 105: Foto de Guy Kawasaki; 117: Foto de Peg Fitzpatrick; 128: Eric Harvey Brown; 160: Calvin Lee, Mayhem Studios; 173: Foto de Nohemi Kawasaki; Outras imagens cedidas como cortesia dos autores.

Design de capa: adaptação de Sérgio Campante a partir de capa original (© Alex Merlo, Portfolio/Penguin, 2014).

Direitos exclusivos de publicação em língua portuguesa para o Brasil adquiridos pela Best Business, um selo da Editora Best Seller Ltda. Rua Argentina 171 – 20921-380 – Rio de Janeiro, RJ – Tel.: (21) 2585-2000 que se reserva a propriedade literária desta tradução.

Impresso no Brasil

ISBN 978-85-68905-31-9

Seja um leitor preferencial Record.
Cadastre-se e receba informações sobre nossos lançamentos e nossas promoções.

Atendimento e venda direta ao leitor: sac@record.com.br ou (21) 2585-2002.
Escreva para o editor: bestbusiness@record.com.br

A qualidade de qualquer conselho que alguém tem a oferecer precisa ser avaliada de acordo com a qualidade de vida que essa pessoa de fato leva.

DOUGLAS ADAMS, *O GUIA DO MOCHILEIRO DAS GALÁXIAS: CINCO ROMANCES COMPLETOS E UMA HISTÓRIA*

Sumário

Antes de qualquer coisa, leia isto • 9
Agradecimentos • 11

1. Como otimizar seu perfil • 13
2. Como alimentar o monstro do conteúdo • 27
3. Como aperfeiçoar os posts • 51
4. Como responder a comentários • 79
5. Como integrar mídias sociais e blogs • 89
6. Como conseguir mais seguidores • 108
7. Como promover eventos de socialização • 110
8. Como executar o recurso "Hangouts on Air" do Google+ • 119
9. Como agitar um chat no Twitter • 131
10. Como evitar parecer um sem-noção • 137
11. Como otimizar plataformas individuais • 144
12. Como juntar tudo • 183

Conclusão • 187
Lista de aplicativos e serviços • 189
Índice remissivo • 195

Antes de qualquer coisa, leia isto

Não siga para onde o caminho o leve. Em vez disso, vá por onde não exista caminho e deixe uma trilha.

RALPH WALDO EMERSON

O objetivo deste livro é capacitá-lo a brilhar nas mídias sociais. Partimos do pressuposto que você esteja familiarizado com o básico e deseje usar as mídias sociais para negócios, para si mesmo ou para uma empresa.

No intuito de tornar nossa perspectiva clara, Peg e eu estamos nas "trincheiras" das mídias sociais, não em um "centro de comando de apoio" do quartel-general. Aprendemos na prática, por meio de experimentação e diligência, não por discursos em tom categórico, sofismas e participação em conferências.

Ainda assim, não considere o que dizemos como verdade absoluta. Estas são nossas dicas, artimanhas e insights, e esperamos que funcionem para você. Mas em um mundo perfeito, você desenvolveria técnicas melhores e nos diria como poderíamos nos aprimorar também.

Por fim, deixe-me explicar a "voz" deste livro. Ela agrupa nosso conhecimento, mas apenas um de nós, o Guy, escreveu o livro, pois múltiplas vozes dificultam a leitura, e nossa intenção é tornar tudo estimulante, rápido e fácil.

Guy Kawasaki
Peg Fitzpatrick

Agradecimentos

> *Se sua única oração fosse para dizer*
> *"obrigado", já bastaria.*
>
> MESTRE ECKHART

Obrigado a cada um de nossos *beta testers*, que contribuíram com centenas de melhorias: Jessica Ann, Katie Boertman, Dave Bullis, Will Carpenter, Noelle Chun, Katie Clark, Brock Cline, Chris Coffee, Julie Deneen, Mandy Edwards, Sandy Fischler, Héctor García, Isabella Gong, Ian Gotts, Liz Green, Andy Jones, Susan Jones, Stephanie Kong, Stephen Levine, Rachelle Mandik, Dra. Christina McCale, Henry McCormack, Carol Meyers, Lessie Mitch, Heme Mohan, Donna Moritz, Martha Muzychka, Anne O'Connell, Ken Olan, Arya Patnik, Paul Radich, Rebekah Radice, Jerad Reimers, Phillipe Rodriquez, Bernd Rubel, Bonnie Sainsbury, Antonella Santoro, Martin Shervington, Emily Taylor, Jennifer Thome, Thomas Tonkin, Halley Suitt Tucker, Sarah Wagoner, Stephanie Weaver, Shawn Welch, Erika White, Susan Wright-Boucher, e Joyce Yee.

Agradeço também a todas as pessoas que trabalham para plataformas de mídias sociais e empresas que produzem ferramentas de mídias sociais. Não poderíamos fazer o que fazemos sem vocês.

1. Como otimizar seu perfil

Faça o que você puder, com o que tiver, onde estiver.

THEODORE ROOSEVELT

Vamos começar com o básico. Todas as plataformas de mídias sociais têm uma página de "perfil" para você explicar quem é. Essa página se destina a informação biográfica e imagens. Um perfil eficaz é vital porque as pessoas o utilizam para fazer um rápido julgamento sobre sua conta.

O objetivo de um perfil é convencer os outros a prestar atenção às suas atividades nas mídias sociais. Essencialmente, trata-se de um currículo para o mundo inteiro ver e julgar. Este capítulo explica como otimizar seu perfil a fim de maximizar sua eficácia.

1. Escolha um nome de usuário bem neutro

Antes de trabalharmos no perfil, vamos eleger um bom nome de usuário. Um nome que você acha brilhante hoje, como @MãeMartini ou @HankGoleador, será motivo de arrependimento amanhã. Além disso, você não trabalhará na mesma empresa para sempre; então, @GuyEvangelistaMac também é arriscado. Imagine que você está dois anos à frente e procura um emprego. Agora escolha um nome.

É bem provável que você já tenha um nome de usuário, porém quanto mais tempo usar um ruim, mais difícil será mudá-lo depois e pior será o estrago. Nossa recomendação é optar por um nome de usuário simples e lógico. No meu caso, esse nome é "Guy Kawasaki", não "G. Kawasaki", "GT Kawasaki" nem "G. T. Kawasaki". Este não é o local para demonstrar perspicácia ou complexidade; então, faça com que as pessoas o encontrem e se lembrem de você com facilidade.

2. Otimize por cinco segundos

As pessoas não *analisam* perfis. Gastam poucos segundos dando uma olhada neles e tomam uma decisão. Se fosse um namoro on-line, pense no Tinder (deslize o dedo à direita para "sim", deslize o dedo à esquerda para "não"), não no eHarmony (complete um Questionário de Relacionamento).

A ARTE DAS REDES SOCIAIS | 15

Seu perfil deve dar a impressão de que você é simpático, confiável e competente. As plataformas oferecem espaço para esta informação:

- **Avatar.** É uma pequena foto sua ou de seu logotipo, em forma de círculo ou quadrado.

- **"Capa" (ou imagem de fundo).** Essa foto é o maior elemento gráfico em um perfil e, visualmente, conta sua história.

- **Texto biográfico.** É o resumo de sua formação e experiência profissional.

- **Links.** Trata-se de uma lista de links para seu blog, seu site e outras contas de mídias sociais.

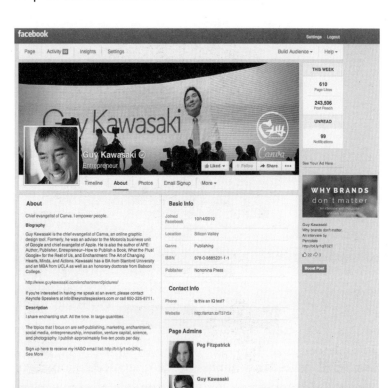

3. No avatar, dê destaque ao seu rosto

Um bom avatar faz duas coisas. Primeiro, valida quem você é por meio de uma foto, de maneira que as pessoas possam ver qual Guy Kawasaki você é. (Deus nos ajude se houver mais de um.) Além disso, reforça a ideia de que você é simpático, confiável e competente.

Seu rosto fornece a maior parte das informações sobre o tipo de pessoa que você é. Por isso, o avatar não deve mostrar a família, os amigos, o cachorro ou o carro, pois não há espaço. Isso também significa que você não deve usar um logotipo ou ilustração, a menos que o avatar seja para uma empresa.

Veja mais três dicas para o avatar:

- **Opte por um formato assimétrico.** A simetria torna uma foto menos interessante; portanto, não "crave" o rosto bem no meio. Adotando a regra dos terços, divida a foto em nove quadros e posicione o olhar próximo a uma das linhas verticais.

- **Encare a luz.** O ideal é que a fonte de luz esteja à sua frente. Se a luz vier de trás, seu rosto provavelmente estará escondido, a menos que use um flash ou recorra a um programa de edição de fotos.

- **Pense grande.** Quando as pessoas leem posts e comentários, veem o avatar do tamanho de um selo postal. No entanto, ao clicarem nele, devem visualizar uma foto grande, nítida; então, faça o upload de uma foto com, no mínimo, 600 pixels de definição.

4. Mantenha-se fiel a uma foto

Se as empresas usassem logotipos distintos em lugares diferentes, seria confuso. Sua foto é seu logotipo nas mídias sociais; portanto, utilize a mesma em todos os lugares. Isso o ajudará a ser reconhecido nas plataformas de mídias sociais e não deixará espaço para dúvidas, como por exemplo, se @GuyKawasaki no Twitter é +GuyKawasaki no Google+.

5. Elabore um mantra

A maioria das plataformas o habilita a adicionar uma tagline ao perfil. Faça disso seu próprio mantra: de duas a quatro palavras que o expliquem ou que expliquem por que sua empresa existe. Meu mantra, por exemplo, é: "Capacito pessoas." (Destacado na imagem a seguir, em inglês.) Confira quatro mantras de empresas:

- **Nike:** "Autêntico desempenho atlético."
- **FedEx:** "Paz de espírito."
- **Google:** "Democratizando informação."
- **Canva:** "Democratizando design."

Enfim, por uma questão de coerência, garanta que a tagline (ou mantra) seja a mesma em todas as plataformas.

About

Chief evangelist of Canva. I empower people.

Biography

Guy Kawasaki is the chief evangelist of Canva, an online graphic design tool. Formerly, he was an advisor to the Motorola business unit of Google and chief evangelist of Apple. He is also the author of APE: Author, Publisher, Entrepreneur--How to Publish a Book, What the Plus! Google+ for the Rest of Us, and Enchantment: The Art of Changing Hearts, Minds, and Actions. Kawasaki has a BA from Stanford University and an MBA from UCLA as well as an honorary doctorate from Babson College.

http://www.guykawasaki.com/enchantment/pictures/

If you're interested in having me speak at an event, please contact Keynote Speakers at info@keynotespeakers.com or call 650-325-8711.

Description

I share enchanting stuff. All the time. In large quantities.

The topics that I focus on are self-publishing, marketing, enchantment, social media, entrepreneurship, innovation, venture capital, science, and photography. I publish approximately five-ten posts per day.

Sign up here to receive my HASO email list: http://bit.ly/1e0n2Kq...
See More

6. Conte sua história

Além de um avatar, as plataformas têm espaço para uma segunda foto, bem maior, chamada de "capa" ou de imagem de fundo, cujo objetivo é contar uma história e transmitir informações sobre o que é importante para você. É onde você pode mostrar uma foto da família, do cachorro, do carro, de seu produto ou de sua paixão.

As plataformas mudam as dimensões ideais para avatares e fotos de capa/fundo o tempo todo; então, monitoramos o que as plataformas fazem e atualizamos com frequência os posts de um blog intitulado "Quick Tips for Great Social Media Graphics" ["Dicas rápidas para ótimos elementos gráficos de mídias sociais", em tradução livre]. Consulte-o sempre que quiser verificar os tamanhos ideais.

A capa também é o local onde você pode acabar detonando sua credibilidade nas mídias sociais por não mudar o design padrão que as plataformas oferecem. Se não adicionar uma foto personalizada, você estará dizendo ao mundo que é um sem-noção em termos de mídias sociais. (Há um capítulo inteiro mais a frente sobre a falta de noção.)

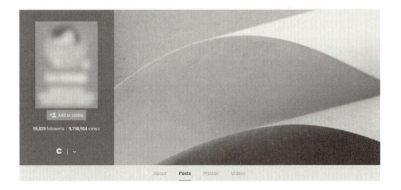

Você pode se divertir mais e se mostrar mais criativo com a foto de capa do que com o avatar. Também pode alterá-la com bastante frequência. Com minha foto de capa, tento mostrar que faço muita diferença, o suficiente para dar palestras.

7. Crie um URL personalizado

Você pode ter um URL personalizado para sua conta do Google+, do Facebook ou do LinkedIn. Isso significa que as pessoas verão este tipo de link:
   https://plus.google.com/+GuyKawasaki/posts
   Se você não tiver um URL personalizado, o tipo de link a ser visualizado será este outro, muito mais difícil de lembrar:
   https://plus.google.com/+112374836634096795698/posts

Confira as instruções para o Google+, o Facebook e o LinkedIn. Como é o caso com nomes de domínio, vários URL personalizados já não estão disponíveis, porém quase qualquer coisa é melhor do que 21 números aleatórios. Ademais, criar um URL personalizado é um bom teste de perspicácia; portanto, certa inaptidão ou má vontade ao fazer isso pode depor contra sua capacidade intelectual.

8. Termine a tarefa

As pessoas tomam decisões rápidas com base em seu avatar, sua tagline e sua foto de capa/imagem de fundo e, depois, podem seguir você, aprender mais a seu respeito ou ignorá-lo. Caso decidam segui-lo ou aprender mais, lerão o restante do perfil. É por esse motivo que você precisa completá-lo. O Google+, por exemplo, o habilita a apresentar um texto introdutório e informações de contato, além de links.

9. Seja profissional

Tudo e todos no Facebook têm uma "conta". Cada conta dispõe de uma "Linha do tempo" pessoal, e também pode gerenciar "Páginas". A Linha do tempo pessoal consegue abranger até 5 mil "amigos" e um número irrestrito de "seguidores" com permissão para visualizar seus posts públicos. As Páginas podem ter curtidas ilimitadas e comportam uma diversidade ainda maior de anúncios.

O Google+ apresenta convenções similares. Os "perfis" se destinam às pessoas comuns; já as "páginas", a entidades comerciais, celebridades e artistas.

Se você for utilizar as mídias sociais em prol de negócios, sua única opção é ter uma Página/página nas duas plataformas — por exemplo, os termos de serviço do Facebook alertam que o uso de uma Linha do tempo pessoal para negócios (em vez de uma Página) pode resultar no fechamento de sua conta.

Felizmente, o Facebook o habilita a converter uma Linha do tempo pessoal em uma Página. Caso mude de ideia, também pode reverter uma Página a uma Linha do tempo pessoal. Já o Google+ permite a criação de uma nova página a partir de uma conta, mas não a conversão de um perfil para uma página sem um motivo de força maior.

Falando em termos gerais, você deve adotar uma postura profissional em relação a uma página se estiver utilizando as mídias sociais em prol de negócios, por causa das ferramentas e possibilidades oferecidas, como múltiplos administradores e análise mais profunda. Para o Google+ em particular, compartilhar posts com serviços externos — como o Buffer, o Sprout Social e a Hootsuite — é muito melhor, sem dúvida, quando se tem uma página.

Story

Tagline
I empower people.

Introduction
Chief evangelist of Canva, an online graphic design tool. Formerly, advisor to the CEO of Motorola and chief evangelist of Apple. I have written twelve books including *APE: Author, Publisher, Entrepreneur--How to Publish a Book*, *What the Plus! Google+ for the Rest of Us*, and *Enchantment: The Art of Changing Hearts, Minds, and Actions*. I have a BA from Stanford University and an MBA from UCLA as well as an honorary doctorate from Babson College.

I publish approximately five-ten posts per day. I focus on are design, marketing, enchantment, social media, entrepreneurship, innovation, venture capital, science, and photography.

Contact Information

Contact info

Email	guykawasaki@gmail.com ✓
Address	Silicon Valley, California

Links

Google+ URL
google.com/+GuyKawasaki

Website
Canva.com

YouTube
▶ Guy Kawasaki

Links

- APE: Author, Publisher, Entrepreneur
- Holy Kaw!
- GuyKawasaki
- Facebook
- LinkedIn
- Instagram
- Pinterest

10. Recorra ao anonimato

Quando estiver satisfeito com seu perfil, nossa última recomendação é visualizá-lo em uma "janela anônima". Trata-se de uma janela do navegador que oculta sua identidade. Visualizar o perfil assim significa que o verá da forma como os outros o veem.

Para abrir uma janela anônima no Google Chrome, clique em "Nova janela anônima" no menu Arquivo. Há uma maneira de fazer isso para cada navegador. Pesquise no Google por "anônimo" mais o nome de seu navegador para saber como.

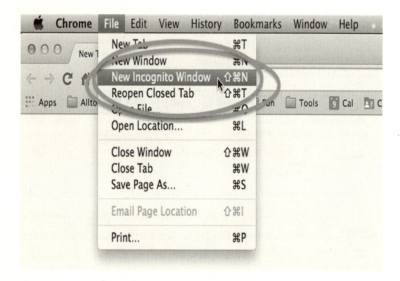

2. Como alimentar o monstro do conteúdo

O homem que não lê bons livros não dispõe de nenhuma vantagem sobre aquele que não é capaz de ler.

MARK TWAIN

O maior desafio no dia a dia das mídias sociais é encontrar conteúdo para compartilhar. É o que chamamos de alimentar o monstro do conteúdo. Há duas maneiras de fazer isso: criação e curadoria, ambas de conteúdo.

A criação de conteúdo consiste em escrever longos posts, tirar fotos ou produzir vídeos. Nossa experiência mostra que é difícil criar mais de duas peças de conteúdo por semana durante muito tempo, e duas peças não são suficientes quando se trata de mídias sociais. Infelizmente, ajudá-lo a ser um mestre da criação de conteúdo está fora do escopo deste livro.

A curadoria de conteúdo compreende encontrar material de qualidade publicado por outras pessoas, resumi-lo e compartilhá-lo. A curadoria é um ganho triplo: você precisa de conteúdo para compartilhar, blogs e sites querem mais tráfego, e as pessoas querem filtros para reduzir o fluxo de informação. Ajudá-lo a alimentar — na verdade, a saciar — o monstro do conteúdo é o objetivo deste capítulo.

11. Elabore um plano

Não sou adepto do planejamento se sua definição for despender seis meses cogitando ou contratando uma agência para mapear e atingir metas estratégicas. No entanto, a maioria das pessoas precisa de um plano tático, lógico e convincente para embasar seus objetivos com as mídias sociais. O ponto principal do planejamento direcionado às mídias sociais e a todo o conteúdo de marketing é simples:

1. Calcule como ganhar dinheiro.

2. Identifique quais são os tipos de pessoa que você precisa atrair para ganhar dinheiro.

3. Descubra o que essas pessoas querem ler (o que, provavelmente, é diferente daquilo que você deseja que elas leiam).

12. Use um calendário editorial

Não sou de usar calendários porque sigo a linha do "jogar a isca e rezar" no que diz respeito às mídias sociais (ou seja, lançar um monte de material e esperar que algo dê certo).

Apenas tenho de saber quando Peg precisa de conteúdo — assim como Jack Bauer só precisa saber quando tem de capturar os vilões em 24 horas.

Peg, por outro lado, tem um perfil tão planejador que beira o obsessivo-compulsivo. Ela usa um calendário editorial para gerenciar posts de blogs e acompanhar a promoção desse material nas mídias sociais. Com a ajuda dele, também administra os posts do Google+, do Facebook e do LinkedIn. De acordo com Peg, várias ferramentas podem ajudar você a gerenciar seu calendário editorial.

- **Excel.** É possível utilizar esse velho conhecido para armazenar rascunhos de posts conforme a data de publicação.

- **Google Docs.** A força do Google Docs para agendamento de publicações em mídias sociais reside no fato de que você pode colaborar com os integrantes da equipe em tempo real e todos conseguem acessar o calendário a partir de vários dispositivos. Isso elimina o vaivém de e-mails e reduz a probabilidade de as mudanças se perderem.

- **Calendário editorial da plataforma Hubspot.** É um template do Excel projetado para que uma equipe agende as atividades das mídias sociais. O calendário editorial da Hubspot pode atuar como um guia, de modo a gerar ideias para seu blog, monitorar o conteúdo e acompanhar o progresso de quem escreve nele. É possível adicionar palavras-chave, tópicos e chamadas à ação para cada post. No entanto, por ser um template do Excel, não é possível compartilhar nada a partir do calendário editorial da Hubspot.

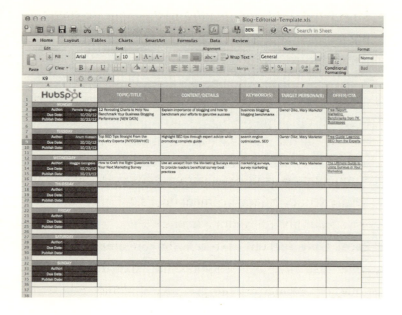

- **Buffer, Sprout Social e Hootsuite.** Os três serviços oferecem a funcionalidade de agendamento, direcionada para o compartilhamento de posts. O Buffer é uma plataforma somente de agendamento; portanto, não é possível monitorar os posts por atividade. Além de poder agendar posts e monitorar suas mídias sociais, no Sprout Social e no Hootsuite você pode comentar e responder. (Conflito de interesses: sou conselheiro do Buffer.)

- **Stresslimit.** Este plug-in do Word Press permite que você planeje o conteúdo do blog e revise o que está agendado para o futuro.

13. Passe pelo teste de repostagem

É ótimo quando as pessoas curtem seus posts ou dão um +1. Melhor ainda quando comentam. Essas ações são semelhantes a dar gorjetas a um garçom.

No entanto, ter seus posts repostados é uma grande honra, pois significa que as pessoas estão arriscando a própria reputação com algo escrito por você. É como indicar um bom restaurante aos amigos em vez de apenas deixar uma gorjeta. Repostar é prova de amor!

Preste atenção agora. O principal teste para a arte e a ciência do compartilhamento da informação nas mídias sociais é se questionar:

As pessoas irão repostar meu post?

Toda vez que compartilhar algo, o post deve passar por esse teste. A repostagem, não a imitação, é a mais sincera forma de elogio em mídias sociais.

14. Compartilhe posts dos amigos

Na teoria, você segue os outros pela qualidade do que compartilham. Então, faz sentido observar o que compartilham, selecionar o melhor material e compartilhá-lo também. Não repostar muito do que seus contatos publicam é sinal de que você está seguindo as pessoas erradas.

15. Aproveite-se da curadoria e dos serviços de agregação

Muitos serviços proporcionam bom conteúdo recorrendo a técnicas que variam desde curadoria manual a magia negra. Na sequência, apresentamos nossas fontes favoritas.

Alltop

Alltop é uma compilação de tópicos, de A (adoção) a Z (zoologia). Os pesquisadores do Alltop selecionam feeds de RSS a partir de milhares de sites na internet e blogs, organizando-os em mais de mil assuntos. Por exemplo, há comida, fotografia, Macintosh, viagem e adoção.

É possível personalizar o Alltop criando uma coleção customizada de feeds de RSS. Confira abaixo minha coleção Alltop personalizada de sites. Utilizo-a quase todos os dias no intuito de achar conteúdo. Por favor, sinta-se à vontade para usá-la também. (Conflito de interesses: sou um dos cofundadores do Alltop.)

The Big Picture e In Focus

Esses sites representam a visão de Alan Taylor de como criar ensaios fotográficos sobre acontecimentos atuais. Ele começou com o The Big Picture como um recurso on-line direcionado ao jornal *Boston Globe* e depois passou para o In Focus na revista *The Atlantic*. O conteúdo dos dois sites é sempre de alta qualidade.

Buffer

Com o Buffer, você pode agendar posts para as páginas do Google+, páginas e perfis do Facebook, LinkedIn e Twitter. Ele também sugere histórias a serem compartilhadas.

Feedly

O Feedly é um agregador de feeds de RSS que coleta informação de blogs e sites na internet, apresentando-a no formato de uma revista. O Flipboard é um produto semelhante.

Futurity

A base para muitas histórias no noticiário atual advém de comunicados direcionados à imprensa enviados por universidades. O Futurity permite que você dê uma notícia em primeira mão, um furo de reportagem, pois publica descobertas de pesquisas oriundas de um consórcio de universidades. Uma maneira fácil de acessar o Futurity é recorrer ao Futurity.alltop.

Google Scholar (Google Acadêmico)

Consegui essa dica com Belle Beth Cooper, talentosa blogueira especializada em mídias sociais. No intuito de encontrar tópicos discutidos sob uma séria perspectiva acadêmica, ela recorre ao Google Scholar (no Brasil, Google Acadêmico), um subsistema da ferramenta de busca do Google. Procure nele, por exemplo, os resultados da busca para "persuasão".

Holy Kaw

O Holy Kaw faz parte do site Alltop. Vários curadores de conteúdo, todos muito bons, procuram por histórias interessantes que façam as pessoas exclamarem *"Holy cow!"*, expressão em inglês que significa "Minha nossa!". (O domínio Holycow.com não estava mais disponível, mas como *Kawasaki* se pronuncia *"cow*-asaki", pensei que "Holy Kaw" funcionaria.) Todos os dias você pode encontrar no Holy Kaw algo que valha a pena compartilhar.

Klout

O Klout mede a força da reputação das pessoas com base em sua influência nas mídias sociais. Em 2014, o site reposicionou-se a fim de ajudar quem quiser "criar e compartilhar conteúdo de excelente qualidade". A empresa faz isso sugerindo histórias a serem *compartilhadas*.

LinkedIn Influencer e LinkedIn Pulse

O programa LinkedIn Influencer abrange centenas de líderes que compartilham longos posts de alta qualidade. Esse programa não está aberto a novos participantes, mas vale a pena seguir os envolvidos por causa de seu conteúdo.

O LinkedIn Pulse fornece conteúdo empresarial selecionado. Há ainda um aplicativo LinkedIn Pulse para iOs e Android. Você pode seguir canais específicos no LinkedIn, no LinkedIn Influencers e outros sites na internet.

NPR

A National Public Radio (NPR), rádio pública norte-americana, fornece ótimo conteúdo todos os dias — eu diria extraordinário. Meus programas favoritos são *Tech Nation* [*Nação Tecnológica*], *Fresh Air* [*Ar fresco*] e *Wait Wait . . . Don't tell me!* [*Espere aí... Não me diga!*]. Você sempre consegue encontrar algo na NPR que valha a pena compartilhar, a menos que acredite que a mudança climática seja um mito, que as mulheres não devam ter os mesmos direitos que os homens e que todos necessitem de uma arma automática. A NPR.alltop é uma maneira fácil de acessar a NPR.

Reddit

O Reddit se autointitula "a página inicial da internet". As pessoas votam nas histórias, e o site apresenta as mais populares em sua página principal. Há também os "subreddits" para *temas* específicos, como jogos, notícias e filmes, de modo que você consegue encontrar histórias populares em temas mais definidos. O conteúdo é direcionado a diversos públicos, com temas variados.

SmartBrief

A SmartBrief oferece conteúdo selecionado, de alta qualidade, para associações comerciais. Como há uma associação comercial para quase cada indústria, cobre muitos temas. É fácil acessar o conteúdo da SmartBrief, pois a empresa publica resumos de sua curadoria. Para encontrar histórias sobre mídias sociais, por exemplo, recorra à página de mídias sociais da SmartBrief.

StumbleUpon

O StumbleUpon é uma comunidade de pessoas que "esbarram" em sites novos na internet e os avaliam. Isso faz com que as páginas entrem no sistema StumbleUpon e o restante da comunidade possa acessá-las. O StumbleUpon categoriza sites; portanto, os membros são capazes de selecionar a partir de temas, como gadgets (dispositivos), design e esportes.

TED

O TED produz os vídeos mais estimulantes, em termos intelectuais, no mundo. O limite de 18 minutos força seus palestrantes à objetividade. A expansão do TED para conferências locais e regionais enriqueceu ainda mais essa fonte de informação. Você pode assinar os canais TED YouTube e TEDx YouTube para receber notificações de novos vídeos e permanecer à frente da maioria das pessoas.

16. Compartilhe o que já é popular

Isso pode parecer trapaça, mas ajuda a alimentar o monstro do conteúdo. Há muitas maneiras de descobrir o que já é popular e compartilhar tais histórias. Algo que seja tendência no StumbleUpon talvez ainda não tenha impactado o Google+, por exemplo.

Não se preocupe com o fato de compartilhar algo que "todos" já tenham visto, pois existem bilhões de indivíduos e milhões de histórias. No entanto, se valer demais dessa técnica pode entorpecer a voz pessoal e a perspectiva; então, não deixe tal confiança dominar sua curadoria.

Confira cinco fontes que funcionam conosco.

Most-Popular.alltop

O site Most-Popular.alltop agrega as histórias de maior popularidade e as mais enviadas por e-mail, a partir de fontes como os sites do jornal *New York Times*, das emissoras de TV BBC e CBS, da rádio NPR e do jornal *Los Angeles Times*. Criei esse tópico no Alltop porque me via "bebendo da fonte da sabedoria popular" e compartilhando, das histórias que as pessoas selecionavam, aquelas superpopulares e tão repassadas por e-mail.

What's Hot no Google

O What's Hot rastreia os posts mais populares no Google+. A boa (ou má) notícia é que esse feed parecer ser personalizado para cada indivíduo. Assim, é possível que você deseje ler as histórias encontradas no What's Hot, mas não necessariamente queira compartilhá-las.

E, como já estamos falando do Google, vale lembrar que também existe o Google Trends, que exibe os tipos de informação que as pessoas estão buscando ao redor do mundo. Você pode especificar o país e criar assinaturas personalizadas conforme os temas de interesse.

Trending Topics no Facebook

O lado direito do feed de notícias no Facebook apresenta uma área chamada "Trending". Esta também é uma fonte bastante útil de histórias a serem compartilhadas.

Pins populares no Pinterest

Para identificar as tendências atuais e histórias consideradas em alta, basta dar uma olhada nos pins populares do Pinterest. O conteúdo aqui tende a estar relacionado ao mundo da moda e da comida. Esta é a página da Peg que a direciona para as próprias contas pessoais.

A "busca guiada" do Pinterest oferece conteúdo interessante por meio do refinamento progressivo de sua pesquisa. Por exemplo, ao fazer a mesma busca do Pinterest no Google, você não encontrará resultados tão interessantes.

Temas sempre em alta

Há certos temas que quase sempre são populares. Não estou me referindo a "gatos engraçados" e "cachorrinhos fofos", mas àqueles um pouco mais substanciais e intelectuais. Veja aqui uma lista de alguns deles:

- Café
- George Takei
- LEGO
- NASA (h/t Wayne Brett)
- Star Trek (Jornada nas estrelas) (h/t Danielle M. Villegas)
- Star Wars (Guerra nas estrelas) (h/t Mike Allton)

Você não deve fazer com que esses tipos de posts se transformem na essência de sua curadoria, mas acrescentar algo descontraído algumas vezes por semana tornará a conta mais cativante para ser seguida.

(Nota: Usamos "h/t" [hat tip] ao longo do livro para dar crédito às nossas fontes. Seria algo do tipo "tiro o chapéu para você". Às vezes, Peg utiliza "tiara tip" como uma variação em seus posts, como se fosse "tiro a tiara para você".)

17. Use listas, círculos, comunidades e grupos

Pessoas e empresas que compartilham interesses em comum integram "listas" (Twitter e Facebook), "círculos" (Google+), "comunidades" (Google+) e "grupos" (Facebook e LinkedIn). Tais agrupamentos são uma ótima maneira de encontrar bom conteúdo.

Listas do Twitter

Uma lista do Twitter é um agrupamento de contas do Twitter, em geral, por compartilhamento de interesses ou especialidades. Para encontrar mais temas, busque por listas do Twitter. Você também pode criar a sua.

Há listas públicas e privadas. Recorra a uma lista pública se quiser encontrar usuários interessantes para um tema como textos de blogs, novidades tecnológicas ou empreendedorismo. Por outro lado, utilize uma lista privada (acessível apenas ao usuário criador) a fim de rastrear, por exemplo, o que os concorrentes andam fazendo e o que está sendo dito a respeito deles.

Listas do Facebook

No Facebook, é possível fazer listas de páginas de pessoas e empresas que compartilham de seus interesses e também seguir as listas dos outros. Você não tem de curtir uma página ou seguir alguém a fim de colocar a página ou a tal pessoa em uma de suas listas. Para usar as listas, vá até a página de "Interesses" e clique em "Adicionar interesses", na parte superior da página.

Círculos do Google+

No Google+, as pessoas criam "círculos" como uma forma de organizar os próprios contatos. Procure pelo círculo de fotógrafos selecionados por Thomas Hawk, profissional muito popular no Google+. Você pode buscar por círculos do Google+ e, então, usá-los para encontrar pessoas de modo a adicioná-las a seus círculos.

Comunidades do Google+

As pessoas interagem com base em uma rede peer-to-peer (P2P), ou seja, ponto a ponto, em comunidades do Google+. Há comunidades públicas e privadas (admissão controlada). Você pode buscar comunidades e também fundar uma.

Grupos do Facebook e do LinkedIn

Há dois tipos de grupos: público e privado. Qualquer um pode se juntar a um grupo público e visualizar seu conteúdo. Já a entrada em um grupo privado ocorre somente por meio de convite, e apenas os integrantes são capazes de ver o conteúdo.

Os grupos do LinkedIn se destinam ao networking e às conexões com profissionais do mesmo setor de atuação. Por outro lado, os grupos do Facebook abrangem toda a gama de temas pessoais, como grupos de encontro do ensino médio, grupos de calouros nas faculdades, além de grupos de fãs para discutir interesses em comum.

Busca no Google+

Seria normal esperar que uma plataforma de mídia social do Google contasse com uma capacidade de busca poderosa, e você estaria certo. No Google+ é possível buscar por meio de uma palavra-chave, e serão exibidas pessoas, páginas e comunidades relacionadas com a pesquisa. No exemplo a seguir, busquei "Fujifilm X100S" e cliquei no ícone "Comunidades" para encontrar comunidades relevantes.

Mesmo que não utilize o Google+, você pode recorrer aos círculos e às comunidades como fontes de curadoria. Menciono isso porque algum idiota talvez lhe diga que o Google+ é uma "cidade fantasma" (o que não é) e que você não deveria perder tempo em usá-lo.

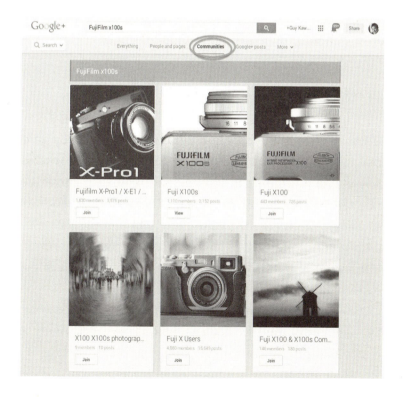

O Google+ é uma das melhores fontes de conteúdo e uma das mais agradáveis plataformas para utilizar, pois dispõe de pouquíssimos spammers, trolls e idiotas.

18. Crie um board (ou painel) colaborativo no Pinterest

Os boards do Pinterest, também chamados de painéis, são um recurso valioso para conteúdo, caso crie ou se junte a um board com curadores criteriosos. A título de exemplo, Peg criou um board para recursos do Google+ e aprovou os 12 membros. Como resultado, esse board é uma fonte contínua de informação de altíssima qualidade.

19. Mantenha uma lista contínua

Com tantas maneiras de encontrar conteúdo, talvez você precise de uma para gerenciar leads, ou seja, contatos novos que podem se tornar clientes. Pesquiso conteúdo no meio da noite quando não consigo dormir ou quando estou me exercitando em uma bicicleta ergométrica. Depois, então, volto a esses leads e seleciono os melhores no intuito de compartilhar. Peg consegue ver o que selecionei e também compartilha histórias por mim.

Peg e eu utilizamos o Tumblr a fim de gerenciar esse sistema. À medida que verificamos nossas fontes, adicionamos histórias dignas de serem compartilhadas em um blog do Tumblr, o qual usamos porque há uma extensão Chrome e o menu Compartilhar do Android (nós dois usamos smartphones Moto X e tablets Nexus 7) que facilitam o compartilhamento para um blog do Tumblr, sendo necessários apenas quatro toques na tela. (Já tentei descobrir como fazer isso com um iOs, mas não obtive sucesso.)

Em dado momento, Peg e eu decidimos compartilhar nossos leads de modo que outras pessoas pudessem se beneficiar de nossa curadoria. Lançamos um blog no Tumblr chamado HASO (Help a Socialist Out, ou Ajude um Socialista). (Sim, estamos tentando redefinir a palavra *socialista*.) Você pode visitar o blog ou assinar a newsletter, isto é, o boletim do HASO, se quiser ver quais histórias consideramos dignas de serem compartilhadas.

Há outras formas de manter uma lista contínua, como adotar um círculo do Google+ que conta apenas com uma pessoa (você) nele ou um board (painel) privado do Pinterest. Não importa como faça, quando realmente conseguir selecionar histórias, talvez você precise encontrar um meio de gerenciar seus leads.

20. Aproveite o feriado

Programar os posts de modo que coincidam com feriados e eventos populares é uma maneira fácil de selecionar material de ótima qualidade. Por exemplo, compartilhamos uma coleção de citações chamada "10 Inspirational Quotes for Mother's Day" ["Dez citações inspiradoras para o Dia das Mães"], que alcançou 165 mil visualizações. Sempre dá certo direcionar conteúdo a feriados e eventos importantes, como Copa do Mundo, Dia da Terra, Semana de Moda, entre outros (h/t Julie Connor).

21. Adicione feeds de RSS

Você é capaz de acrescentar feeds de RSS de seus blogs e sites favoritos ao Buffer, Sprout Social ou Hootsuite no intuito de promover uma pré-popularização dos posts. Isso colocará cada história em uma fila de espera, nos feeds, para compartilhamento. Com o Buffer e o Sprout Social, você toma a decisão final com base em história por história. Já no Hootsuite, é possível compartilhar cada história caso utilize um feed Atom ou, então, tomar uma decisão manual com um feed de RSS.

22. Tire vantagem de conteúdo gerado pelo usuário

Compartilhe as fotos que os outros tiram de seus produtos e serviços. Essa prática é boa para todos: você consegue uma prova social quando alguém descobre seu produto ou serviço, e o fotógrafo recebe um número maior de visualizações, além de um pouco de reconhecimento caloroso e atenção, o que o faz apreciá-lo ainda mais.

Confira um ótimo exemplo: postei a seguinte foto do botão de reset do hodômetro de viagem do Audi A3.

A Audi norte-americana a repostou. E os distribuidores da Audi a repostaram também. Após cinco dias, havia mais 500 mil visualizações. Posts similares, que a Audi dos Estados

Unidos e os distribuidores da Audi não voltaram a compartilhar, obtiveram somente 5 mil visualizações.

Sendo bem sincero, esse post não foi tão inocente. A Audi havia me enviado o hodômetro de viagem do Audi A3 para uma análise crítica e, depois que compartilhei a foto, mandei o link do post para eles — embora tenha a certeza de que a Audi o teria encontrado de qualquer maneira. O importante é que nós dois ficamos satisfeitos com os resultados.

O lugar mais fácil de se encontrar fotos para compartilhar é o Instagram; portanto, verifique sempre as imagens postadas lá. Ao ver uma, peça permissão ao dono para compartilhá-la e "arregace as mangas", pois você ficará ocupadíssimo.

3. Como aperfeiçoar os posts

> *Um escritor cuidadoso, em cada frase que escrever, fará quatro perguntas a si mesmo, no mínimo:*
> *1. O que estou tentando dizer?*
> *2. Que palavras expressarão isso?*
> *3. Que imagem ou linguagem tornará isso mais claro?*
> *4. Essa imagem é original o bastante para produzir efeito?*
>
> GEORGE ORWELL, *A POLÍTICA E A LÍNGUA INGLESA*

Compartilhar posts mostra ao mundo sua criação e curadoria de conteúdo. Em essência, as mídias sociais são simples: se compartilhar bom material, de qualidade, as pessoas irão repostá-lo, e você conseguirá uma interação maior e muitos seguidores. Todo o resto é um aprimoramento disso (ou ilusão).

Este capítulo explica o que é preciso para criar posts perfeitos, que agregarão valor às vidas de seus seguidores, construir sua plataforma e disseminar sua história. Peg e eu defendemos as mais agressivas práticas de compartilhamento em mídias sociais; então, "aperte o cinto e coloque o capacete".

23. Demonstre valor

Para começo de conversa, o que exatamente é "material bom, de qualidade"? Trata-se de uma pergunta justa e relevante. Material bom aparece sob quatro formas:

- **Informação.** "O que aconteceu?" Exemplificando: Chuck Hagel afirmou, na época em que era secretário de Defesa dos Estados Unidos, estar aberto a rever o papel dos transgêneros nas forças armadas norte-americanas.

- **Análise.** "O que isso significa?" A revista *Mother Jones*, por exemplo, esclarece por que a mordida dada pelo astro do futebol uruguaio Luis Suárez durante a Copa do Mundo de 2014 virou um grande negócio na área de higiene bucal.

- **Assistência.** "Como posso fazer isso?" Por exemplo, o portal de tecnologia CNET explicou como mandar uma mensagem de texto para o 911.

- **Entretenimento.** "Que droga é essa?!!!" Exemplificando: todo ano, duas igrejas em Vrontados, Grécia, encenam uma guerra de foguetes para celebrar a Páscoa.

A meta é simular o que chamo de "modelo NPR". A NPR (National Public Radio) fornece excelente conteúdo 365 dias ao ano. A cada poucos meses, a NPR organiza uma campanha de doações para arrecadar verba. A NPR consegue organizar campanhas de doações porque proporciona conteúdo de grande valor.

Sua meta é ganhar o privilégio de organizar a própria "campanha de doações", a qual, neste contexto, é uma promoção para sua empresa, produto ou serviço. Caso esteja familiarizado com os canais de rádio ou TV dos Estados Unidos, a pergunta é: Você quer ser uma NPR ou uma QVC?

24. Desperte o interesse

Inúmeras pessoas e a maioria das empresas definem, de forma bastante limitada, o que acreditam ser pertinente e cativante para seus seguidores. Erroneamente, presumem que seus seguidores queiram apenas ler sobre uma gama específica de assuntos.

Será que eu deveria compartilhar somente histórias relacionadas a empreendedorismo, inovação e tecnologia? Será que Peg deveria compartilhar apenas histórias sobre mídias sociais, a criação de blogs e sua constante atualização? Será que a Motorola deveria compartilhar apenas histórias relativas à própria empresa?

Em todos os casos, a resposta é não. Seria maçante fazer isso e, nas mídias sociais, ser maçante não funciona. Você deve pensar fora da caixa e arriscar mais. Confira alguns exemplos de como as empresas podem se manter em sintonia com a marca e, ao mesmo tempo, ser bem cativantes:

	SEGUIDORES DESEJADOS	EXEMPLOS
Restaurante	Amantes de comida	Partículas atômicas ajudam a solucionar fraudes no vinho; a maneira cientificamente correta de cortar um bolo
Motorola	Fãs do Android	Os cem melhores apps para Android de 2014; seis dicas maravilhosas para Android
Companhia aérea	Amantes de viagens	Os novos cinemas drive-in na América; fotografia detalhada de viagens. Ou você pode fazer as pessoas felizes mesmo que não integre a Serve Japan Trip, comunidade no Facebook sobre viagens ao Japão.
Agência de design	Marqueteiros	Por que não há problema em ter um anúncio embaixo da dobra de uma página na internet; os principais resultados sobre a lealdade do consumidor varejista

Monster products (fabricante de fones de ouvido)	Entusiastas de música e esportes	"Weird Al" Yankovic com a paródia à canção "Happy", de Pharrell Williams; saltos divertidos/assustadores

Segundo minhas previsões, atrair mais seguidores e catalisar uma maior interação validarão tal estratégia. Caso compartilhe esse tipo de material interessante, você conquistará o direito ao modelo NPR de se autopromover para seus seguidores, e eles irão ajudá-lo a conquistar mais pessoas para segui-lo.

25. Seja arrojado

Nas mídias sociais, o sucesso favorece quem é arrojado, audacioso, assim como quem é interessante; portanto, não hesite em expressar sentimentos e divulgar seu objetivo. Se você acha que deveria haver mais mulheres em cargos de CEO, por exemplo, compartilhe um artigo que fundamente sua perspectiva. As pessoas o seguem de forma voluntária; essas mesmas pessoas podem deixar de segui-lo, também de forma voluntária, caso não gostem do que compartilha.

Minha teoria é a seguinte: não irritar as pessoas nas mídias sociais é sinal de que não as utiliza corretamente. Algumas reclamarão que você posta demais, ou compartilha posts que não lhes interessam. Trata-se da "Síndrome da cultura do direito de posse na internet". Quem sofre dessa síndrome acredita que tudo deve ser gratuito e feito sob medida, pois essas pessoas acreditam ser o centro do universo — maldito seja Copérnico.

Há muito menos margem de manobra para as empresas serem arrojadas, embora consigam assumir uma posição firme sobre questões que afetem a elas e a seus clientes. Por exemplo, empresas norte-americanas da área de tecnologia podem ser arrojadas com relação a vistos de trabalho para cidadãos estrangeiros, e a Planned Parenthood pode ser arrojada no que diz respeito ao aborto, por defendê-lo. No entanto, há inúmeras desvantagens. Ilustrando: não faz sentido que a Apple seja arrojada no tocante ao controle de armas.

26. Seja breve

Nas mídias sociais, a concisão ganha da verborragia. Você compete com milhões de posts todos os dias. As pessoas fazem julgamentos rápidos e seguem adiante caso não capture o interesse delas em um relance.

Nossa experiência é que o ponto certo para posts de conteúdo *selecionado* consiste em duas a três frases no Google+ e no Facebook, e cem caracteres no Twitter. O ponto certo para conteúdo *criado* é de quinhentas a mil palavras.

27. Seja grato

Os posts com conteúdo de criação própria talvez não contenham links, mas ao se dedicar à curadoria, por definição, você está usando fontes externas. Todo post com conteúdo selecionado deve apresentar o link correspondente à sua fonte. Eis o papel desse link:

- Permitir que os leitores aprendam mais sobre a fonte;
- Enviar tráfego à fonte como um ato de agradecimento;
- Aumentar sua visibilidade e popularidade com blogueiros e sites.

Ao encontrar conteúdo interessante em um post de alguém, adote este protocolo: redija um novo texto, compartilhando-o com um link para a fonte e, então, acrescente um "hat tip" ou "h/t" à pessoa que o postou originalmente, captando sua atenção.

28. Seja visual

Todo post, literalmente todo post, deve conter um colírio para os olhos na forma de imagem, gráfico ou vídeo. De acordo com um estudo da Skyword, "as visualizações totais [do conteúdo dos clientes] aumentavam, em média, 94% se um artigo publicado contivesse uma fotografia ou infográfico relevante em comparação a artigos sem uma imagem na mesma categoria".

Um bom gráfico ou vídeo incorporado à mensagem é tão importante para o sucesso de um post quanto o texto. Aqui estão algumas maneiras de ser visual:

- **Inclua um link para a história.** No Google+ e no Facebook, a inserção de um link traz, automaticamente, uma foto da história. Lembre-se que essas fotos são menores do que o tamanho máximo permitido e, no Google+, apresentam o tamanho de um selo postal.

- **A partir da fonte, faça uma captura de tela ou "Salve como" uma imagem e, de forma manual, adicione-a ao post.** Tente conseguir uma foto com, no mínimo, 500 pixels de largura. Perceba que, ao fazer isso, "você estará caminhando por um território delicado", o do uso justo e dos direitos autorais. O site da Universidade de Minnesota oferece um checklist para ajudar a determinar se você está infringindo alguma lei; e é provável que não, pois seu uso é comercial (não transformador), substancial e suscetível a reduzir o poder de venda da foto. Além disso, o Facebook prefere que você use um link em vez de realizar um upload manual.

- **Crie seu próprio gráfico recorrendo à Canva, a empresa em que trabalho.** A Canva oferece templates, gráficos vetoriais, fontes e fotos de bancos de imagens a US$1 por uso, para facilitar sua vida.

Não importa a maneira como obtém fotos e gráficos, você deve tentar sempre usar o material do tamanho adequado a cada plataforma.

29. Seja organizado

Caso seu post no Google+, no Facebook ou no LinkedIn tenha mais de quatro parágrafos, tente utilizar uma lista com marcadores ou numerada. Isso facilita a leitura, com a informação organizada em blocos de texto menores, e ainda reduz o efeito TL;DR (*too long; didn't read* — longo demais; não li).

Talvez eu seja a única pessoa no mundo que faça isso, mas quando há um texto com um parágrafo atrás do outro, ignoro. Se eu quiser ler um romance, comprarei um e-book. Por outro lado, quando há uma lista com marcadores ou numerada, fico mais propenso à leitura.

30. Seja astuto

Acho irresistíveis posts com títulos "Como...", "Os/As dez principais..." ou "O/A último(a)...". Essas palavras me dizem: *Isso vai ser prático e útil*. O pessoal do Twelve-skip compilou o infográfico a seguir, com 74 ótimos títulos. Então, seja astuto e use-o.

Estes são os meus dez títulos favoritos:

1. Como arrasar...

2. Guia rápido...

3. Um guia completo para...

4. Perguntas a se fazer antes...

5. Regras para...

6. Passos essenciais para...

7. As formas mais comuns de...

8. Dicas para quem não tem tempo de...

9. Táticas para...

10. O que ninguém lhe diz sobre...

31. Seja encontrado

Hashtags são uma coisa linda. Conectam posts de pessoas do mundo inteiro e estruturam um ecossistema desestruturado. Ao adicionar uma hashtag a um post, você está dizendo às pessoas que o post é relevante ao tema compartilhado. Por exemplo, a hashtag #socialmediatips (#dicasdemídiassociais) no Google+ conecta posts sobre mídias sociais.

74 CLEVER BLOG POST TITLE *TEMPLATES* THAT WORK

1. How To _____ That Drives _____
2. How To _____ in [#] easy steps
3. How To _____ In _____
4. How I Made _____ In _____
5. How To Find _____
6. How To Rock _____
7. How To Make A Strong _____
8. How To Completely Change _____
9. How To Create _____ That Gets _____
10. How To Use _____ To Stand Out
11. How To Tell If _____
12. How To _____ The Right Way
13. How _____ Can Inspire Your _____
14. How To Get Rid Of _____
15. What To Do With _____
16. Where To Find _____
17. Quick Guide: _____
18. A Complete Guide To _____
19. Ultimate Guide: _____
20. Beginners Guide: _____
21. Hack: _____
22. DIY: _____
23. The Anatomy Of _____ That Gets _____
24. [#] Things your _____ Doesn't Tell You
25. [#] _____ Trends For [YEAR]
26. [#] _____ Every _____ Should Own
27. [#] _____ To Consider For _____
28. [#] Amazing _____ To Try Right Now
29. [#] Insane _____ That Will Give You _____
30. [#] Types Of _____
31. [#] Questions You Should Ask Before _____
32. [#] Worth-It _____ For _____
33. [#] Secrets To _____
34. [#] Resources to Help You Become _____
35. [#] Signs You Might _____
36. [#]-Point Checklist: _____
37. [#] Rules For _____
38. [#] Habits Of _____
39. [#] Ideas To _____
40. [#] Trends You Need To Know _____
41. [#] Best _____ To _____
42. [#] _____ We Love
43. [#] Facts About _____
44. [#] Essential Things For _____
45. [#] Key Benefits Of _____
46. [#] Examples Of _____ To Inspire You
47. [#] _____ That Will Motivate You
48. [#] _____ Ideas
49. [#] Reasons You Didn't Get _____
50. Getting Smart With: _____
51. [#] Smart Strategies To _____
52. [#] Most Effective Tactics To _____
53. [#] Most Popular Ways To _____
54. [#] Essential Steps To _____
55. [#] Wrong Ways To _____
56. [#] Creative Ways _____
57. [#] Tips For Busy _____
58. [#] No-Nonsense _____
59. [#] Surprising _____
60. [#] Foolproof _____ Tips For _____
61. [#] Epic Formula To _____
62. [#] Handy Tips From _____ For _____
63. [#] Superb Ways To _____ Without _____
64. [#] Tricks _____
65. [#] Ways To Make Sure Your ___ Is Not _
66. [#] Mistakes You'll Never Make Again
67. [#] Weird But Effective _____ For _____
68. [#] Tactics To _____
69. [#] Super Tips _____
70. [#] That Will Make You _____
71. [#] Supercharge Your _____
72. [#] Pleasant Ways To _____
73. [#] Wittiest _____ To _____
74. What No One Tells You About _____

MORE AT TWELVESKIP.COM // BY PAULINE CABRERA

#socialmediatips

#SocialMedia	#DigitalMarketing
#SocialMediaMarketing	#SMM
#SMDay	#SmallBusiness
#Marketing	#SocialMediaManagement
#Facebook	#LinkedIn
#Twitter	#Branding
#SocialMediaStrategy	#SocialNetworking
#Business	#MarketingTips
#Media	#Strategy
#ContentMarketing	#Content

`#Explore a hashtag`

 Anna Godfrey
Shared publicly · 1:19 PM   #SocialMediaMarketing

Summer Special on My Basic Social Media Guide!

Social Media has taken business and network marketing to the next level! If you are new to social media for business...then this is going to help you out a lot! Lots of info found in one book!

It's amazing how the internet has made the world smaller and business opportunity bigger. To avoid the risk of becoming irrelevant in business you must become social. Social media is a way to help drive traffic to your websites, attend to customer service more personally and effectively, and keep you ahead of the marketing trends.

A good business person stays ahead of trends and are always seeking the next big thing. Some social medias come like a hurricane and you must hop on and ride through the social media influence storm. We must not count any social media out. Each platform adds something different and will have different types of users, thus expanding your reach.

Nerd Girl SEO's Guide to Basic Social Media:
http://annagodfrey.com/read-my-book/

Twitter, Instagram, Facebook, Tumblr e Google+ aceitam as hashtags; portanto, trata-se de uma prática comum e bem aceita.

Recomendamos que você adicione duas a três hashtags a seus posts. No entanto, se usar mais do que isso, parecerá um #idiota que está tentando #burlarosistema. Também não utilize hashtags no Pinterest, pois elas são odiadas por lá — talvez por interferirem nos posts de imagem, que visam ao mínimo de texto.

32. Seja ativo

Por "ativo" queremos dizer de três a vinte posts diferentes (isto é, não repetidos) por dia. É uma diretriz. À medida que seus posts forem considerados bons, você pode compartilhar mais do que esse número. Mas, caso compartilhe um ou dois posts *de baixa qualidade*, já é muito.

Sem dúvida, você está lendo um livro cuja coautoria é de alguém que repete vários tuítes quatro vezes. No entanto, confie em mim e tente compartilhar no nível da coluna "Consistente" na tabela a seguir. (Os números incluem posts criados e selecionados.)

PLATAFORMA	CASUAL	CONSISTENTE
Facebook	1-2	3-4
Google+	3-4	8-10
LinkedIn (forma curta)	1	4
Pinterest	6	10-12
Twitter	8-12	25

Um dia antes de enviar este livro para o nosso copidesque, tive a brilhante ideia de que talvez pudéssemos verificar essa afirmação. Peg estava na Austrália; em vez de repetir nossos tuítes com oito horas de diferença, compartilhamos quatro posts idênticos com quatro links distintos de modo a rastrear os cliques. Confira os resultados.

DATA E HORA	CLIQUES	RESPOSTAS	RETUÍTES	FAVORITOS
6/7, 16h41	1.300	22	18	41
7/7, 23h28	1.300	20	17	43
8/7, 21h50	2.300	24	23	26
9/7, 5h	2.700	16	10	15
Total	7.600	82	68	125

Você preferiria ter 1.300 cliques ou 7.600? Estaria disposto ao risco de reclamarem dos tuítes repetidos e de deixarem de seguir seu perfil para quintuplicar os cliques? Eu faria — e faço — isso todos os dias do ano.

Algumas pessoas reclamarão do número excessivo de posts, mas não se preocupe. Ou se acostumarão ao aumento ou deixarão de segui-lo. O que importa é o resultado prático, isto é, o resultado final: você está ganhando seguidores e repostagens? Como mencionei antes, não irritar ninguém nas mídias sociais é sinal de que não as utiliza com agressividade suficiente.

33. Automatize seus posts

Usar ferramentas de modo a agendar e automatizar a distribuição de posts não é trapacear. É o que pessoas inteligentes fazem para otimizar o compartilhamento. Qualquer um que insista que você tem de compartilhar manualmente é imbecil. A maioria dos seguidores não sabe como um post foi compartilhado, e se você tiver vida fora das mídias sociais, provavelmente não será capaz de fazer compartilhamentos manuais ao longo do dia.

Esta é uma lista de serviços para automatizar a distribuição de seus posts. Em trinta minutos, você consegue planejar conteúdo para um dia, recorrendo a qualquer um destes:

- **Buffer.** É o serviço que utilizo. Agenda posts para as páginas do Google+, páginas e perfis do Facebook, LinkedIn e Twitter. Gostamos da possibilidade de adicionar posts em um horário específico ou colocá-los em uma fila. Equipes de gerenciamento e análise estão disponíveis no plano "Buffer para negócios". O Buffer sugere histórias a serem compartilhadas e é o mais atraente dos serviços. Gostamos muito.

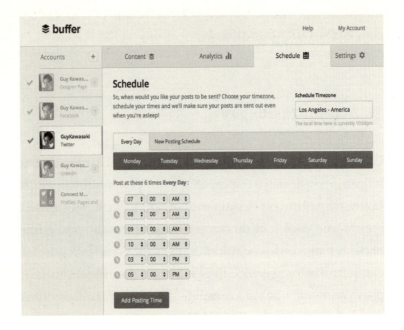

- **Do Share.** É o único produto que lhe permite agendar posts no Google+ se você tiver uma página pessoal. É uma extensão do Chrome e funciona somente quando executado neste navegador. O Do Share é ótimo, porém limitado por tal exigência. Por exemplo, caso esteja viajando e o computador não esteja ligado e conectado à internet, o Do Share não irá compartilhar os posts.

- **Friends+Me.** Esse serviço promove o compartilhamento dos posts do Google+ com outras plataformas. É compatível com o Facebook (grupos, perfis e páginas), o Twitter e o LinkedIn (perfis, grupos e páginas corporativas), além do Tumblr. Gostamos do fato de que a imagem do post no Google+ apareça em seus tuítes. Por meio do uso de hashtags, você consegue controlar como e onde cada post é compartilhado ou se deseja postá-lo apenas no Google+.

- **Hootsuite.** A Hootsuite, dos nossos amigos no Canadá, lhe permite agendar o conteúdo, monitorar e responder a comentários. Você também consegue compartilhar com os perfis e as páginas do Facebook, as páginas do Google+, os perfis do LinkedIn e o Twitter. Ao utilizar o aplicativo ViralTag app, você pode programar pins no Pinterest. Entre os recursos úteis, gostamos destes: com base em uma planilha, é possível agendar vários tuítes e posts ao mesmo tempo (programação em massa); a partir do calendário, é possível arrastar e soltar para agendar; além de colaborar com grupos para tuitar.

- **Post Planner.** Compatível somente com o Facebook, fornece histórias para compartilhar e ainda sugere quando fazer isso. De fácil acesso, a partir de um aplicativo dentro do Facebook, você consegue encontrar fotos virais e conteúdo de tendências para ter ideias de posts. Também é capaz de adicionar feeds a blogs dos quais você goste e compartilhar a partir do Post Planner. É um serviço excelente para gestores de páginas no Facebook.

- **Sprout Social.** Este é o favorito da Peg. É compatível com as páginas e perfis do Facebook, Twitter, páginas do Google+ e perfis do LinkedIn, promovendo a publicação, o engajamento e o monitoramento. Apresenta a funcionalidade de gestão em equipe e integração com Zendesk. Gostamos da possibilidade de repetir o mesmo tuíte com uma imagem e de criar um calendário em equipe. Tudo isso a um custo mínimo de US$59 mensais.

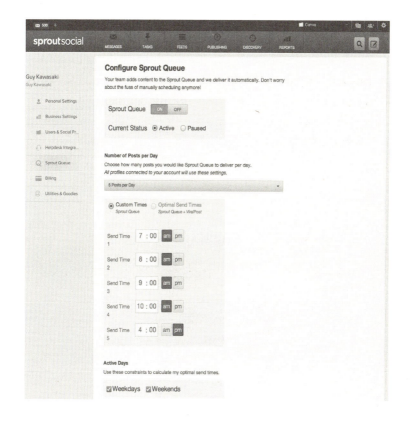

- **Tailwind.** Com este serviço, é possível agendar e monitorar posts apenas para o Pinterest. Um recurso potente é a exibição de dados substanciais de pins populares, boards (painéis) de tendências e os assuntos gerais, que consistem em conteúdo de outras pessoas. Como o Tailwind tem acesso à API do Pinterest, isto é, à interface de programação de aplicativos, esperamos o lançamento de mais recursos em um futuro próximo.

- **TweetDeck.** Trata-se de um aplicativo independente para monitorar a atividade e agendar tuítes. A disposição em colunas exibe os resultados das pesquisas. Você pode criar, por exemplo, uma coluna para "@*mentions*" (uma @*mention* — @menção — consiste em um tuíte com o símbolo "@" e seu nome) e outra coluna para @*mentions* da concorrência. Da próxima vez que for a uma conferência de tecnologia, observe como as pessoas monitoram o Twitter e verá que a maioria usa o TweetDeck.

Há outros produtos com funcionalidade semelhante, como Everypost, Sendible e SocialOomph, mas nunca utilizamos nenhum deles.

34. Publique na hora certa

De preferência, faça isso sempre. Jay Baer — autor de *Youtility: Why Smart Marketing is About Help Not Hype* [Seu marketing de utilidade: Por que o marketing inteligente é sobre ajuda, e não publicidade, em tradução livre] — compartilha posts poucos minutos antes ou depois de um horário certo. Segundo Jay, as pessoas tendem a dar uma olhada em suas contas de mídias sociais nesses momentos, porque estão entre uma reunião e outra. (Ou, então, estão atrasadas; portanto, é a hora menos provável de verificarem.) Como ocorre com a maioria das recomendações sobre mídias sociais, é difícil de testar cientificamente, mas vale a pena tentar.

35. Atue como um *mensch*

"Dê aos outros, mesmo que não tenha um objetivo específico", afirma Mari Smith, a "rainha do Facebook". Se você compartilha apenas pela alegria de ajudar os outros, a quantidade de demonstrações de afabilidade e reciprocidade que receberá o surpreenderá.

Minha teoria é que, para cada pessoa que sofre da "Síndrome da cultura do direito de posse na internet", há cem que acreditam em reciprocidade e atuam como um *mensch*. Caso você nunca tenha ouvido falar deste termo, um *mensch* é alguém amável e honrado, que faz a coisa certa da forma correta.

Então, compartilhe os posts dos outros, faça comentários positivos e inteligentes, sugira recursos e soluções e acumule pontos no placar cármico celeste. Prometo que, no fim, seus posts receberão um fluxo de afabilidade.

36. Seja adepto do marketing promocional

Dificilmente fazemos isso por questão de orgulho e princípio, mas pagar para promover posts no Pinterest, no Facebook e no Twitter pode dar certo. É uma forma de garantir que mais gente veja as mensagens. O Facebook, em particular, está se tornando uma plataforma do tipo pague para usar.

A decisão de recorrer ou não a essa tática se reduz ao cálculo: a receita justifica a despesa de pagar por tais visualizações? Você poderia, por exemplo, "pagar para promover" um post com uma chamada para ação de comprar seu livro. Depois, as vendas adicionais (e talvez a consciência de marca) podem ou não valer a pena.

Veja um post que a Canva pagou para promover o anúncio de uma oferta de emprego. A promoção desse post foi geograficamente direcionada para a Austrália, e é possível constatar que US$60 renderam cerca de 14 mil visualizações.

Caso se recuse a promover os próprios posts (nós o respeitaríamos se fosse sua decisão), você pode colocar um "pin" neles e movê-los para o topo da página no Facebook e no Twitter, como se os fixasse com tachinhas em um mural. Isso significa que o mais recente permanece como a primeira história visível no topo de sua Linha do tempo. Não é tão eficaz quanto pagar por promoção, porém o custo é zero.

Canva
Posted by Zach Kitschke [?] · May 15 · Edited ·

Are you an amazing designer ready to rock the world of design? We're looking for an incredible intern to join our team in Sydney, Australia.

You'll be working alongside our team of talented designers, engineers and marketers to help shape the future of design.

Know someone who'd be perfect? Tag them in this post.

Here are the details on how to apply: http://www.pedestrian.tv/jobs/design-photography/amazing-graphic-design-intern-needed-to-help-shape/087a72f5-a2f6-44b8-bce6-2d1ce22ba5ef.htm

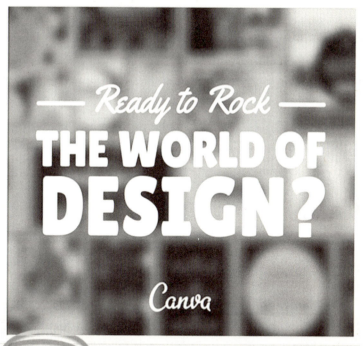

13,992 people reached   See Results ▼

Like · Comment · Share

👍 32 people like this.   Top Comments ▼

37. Fale vários idiomas

Héctor García traduz notícias japonesas para a língua espanhola e, em geral, por ser a primeira pessoa a compartilhar tais notícias, seus posts se tornam, de fato, a própria fonte. É uma ideia brilhante. Caso fale dois idiomas (ou mais), tente traduzir notícias de última hora para outro idioma e veja o que acontece.

38. Seja analítico

É possível aumentar a relevância de seu conteúdo (lembrando dos meus apelos para compartilhar coisas interessantes e arrojadas) ao analisar as características de quem o segue. Ilustrando: o Facebook Analytics é um ótimo recurso para descobrir quem são seus fãs, além de ser um ótimo lugar para planejar conteúdo futuro direcionado ao Facebook.

Também usamos o LikeAlyzer no intuito de verificar nossas páginas no Facebook e aprimorar o conteúdo, tipos de post, e quando estamos compartilhando.

O Twitter fornece extensas análises para contas verificadas, incluindo o número de impressões por tuíte e quantas pessoas interagiram com cada tuíte (definidas ao clicar em qualquer lugar no tuíte e em retuítes, respostas, acompanhamentos e favoritos). Você pode utilizar um serviço como o SocialBro, que revela quem o segue, ajuda a encontrar

A ARTE DAS REDES SOCIAIS | 75

novas pessoas para seguir e mostra como anda seu conteúdo. Você também pode conseguir relatórios similares no Sprout Social e na Hootsuite.

39. Seja curioso

Caso fizesse uma pergunta a cinco "especialistas" em mídias sociais, obteria sete respostas diferentes. Nosso conselho é realizar uma pesquisa de campo, aplicando generalizações comuns, como "Compartilhe no Facebook no fim de semana" e "Compartilhe no Twitter de manhã". Os seguidores se diferenciam. Por exemplo, se você escreve um blog e seleciona conteúdo direcionado a bartenders, o horário ideal para compartilhar posts seria diferente do adotado caso seus seguidores fossem professores.

Seja sempre curioso e tente descobrir o que funciona para você. Quando tiver a certeza sobre o melhor processo, deve aguçar ainda mais sua própria curiosidade, pois é justamente nesse momento que você está bastante vulnerável às mudanças que as plataformas fazem.

Produtos como Tweriod e SocialBro para o Twitter, LikeAlyzer e PostPlanner para o Facebook, e Tailwind para o Pinterest podem ajudá-lo a mensurar os efeitos da alteração de variáveis como horário, frequência e uso de imagens.

40. Lance desafios

Na nossa opinião, a maior parte da otimização de mecanismos de busca em sites (SEO, na sigla em inglês) é bobagem. Essa otimização consiste em tentar ler a mente do Google e, depois, jogar com o sistema para fazer com que ele encontre porcaria. Há trezentos doutores em ciência da computação no Google se esforçando no intuito de tornar cada busca relevante e, então, você aparece tentando zombar deles, ridicularizando-os. Quem vai vencer?

É inútil enganar o Google. Em vez disso, você deve deixá-lo fazer o que faz de melhor: encontrar ótimo conteúdo. Portanto, desafie toda essa "bruxaria" de SEO e foque na criação, na curadoria e no compartilhamento de conteúdo de excelente qualidade. Afinal, é disso que se trata a otimização das mídias sociais (SMO, na sigla em inglês).

41. Opte pelo anonimato

É o mesmo conselho dado antes. Você deve observar seus posts por uma "janela anônima" para ver como as outras pessoas os visualizam.

4. Como responder a comentários

Não leve nada para o lado pessoal. Nada do que os outros fazem é por sua causa. O que os outros dizem e fazem é uma projeção da realidade deles, do próprio sonho. Quando estiver imune às opiniões e ações alheias, você não será vítima de sofrimentos desnecessários.

DON MIGUEL RUIZ, OS QUATRO COMPROMISSOS: UM GUIA PRÁTICO PARA A LIBERDADE PESSOAL

Você encontrará comentários perspicazes, engraçados e lisonjeiros em resposta a seus posts, assim como também irá se deparar com comentários idiotas, indelicados e até agressivos. É provável que receba elogios, desde que publique material de qualidade, mas todo mundo recebe alguns comentários negativos. Se quiser usar as mídias sociais em prol de negócios, crie coragem e responda aos comentários de ambos os tipos.

Responder a comentários é uma questão de marketing interativo, que requer diligência e esforço — não é nada fácil. Comentários negativos, em particular, demandam esforço, paciência e compreensão, e isso não é algo que a maioria das pessoas consiga encarar com naturalidade. Este capítulo explica como responder a comentários pode deixar de ser algo penoso e passar a promover o engajamento, construir sua reputação e até diverti-lo um pouco.

42. Utilize as ferramentas certas

O primeiro passo é identificar comentários que precisam ser respondidos. Existem dois cenários. Primeiro, monitorar comentários aos seus posts no Google+, no Facebook, no LinkedIn, no Pinterest e no Instagram. Fazer isso é fácil porque tais plataformas organizam ou encadeiam a discussão; assim, você consegue compartilhar um post e voltar para ver se há comentários.

O segundo cenário é monitorar comentários no Twitter. Como não apresenta o mesmo nível de encadeamento, este caso é bastante difícil. Por mais inútil que possa parecer, você precisará configurar uma pesquisa voltada para seu nome — por exemplo, @GuyKawasai — a fim de monitorar comentários a seu respeito e respostas direcionadas a você. É possível salvar essa pesquisa de modo a não ter de configurá-la novamente.

O Twitter também oferece a funcionalidade da busca avançada, tornando mais eficiente a pesquisa por comentários. Exemplo: eis uma busca, que encontra menções de @GuyKawasaki ou @Canva, mas não os retuítes de nossos tuítes. (Não é necessário responder a retuítes e, com sorte, haverá tantos que você não poderia responder a todos mesmo que quisesse.)

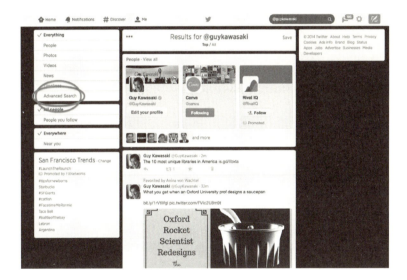

Advanced Search

Words
- All of these words
- This exact phrase
- Any of these words
- None of these words
- These hashtags
- Written in: Any Language

People
- From these accounts
- To these accounts
- Mentioning these accounts: @guykawasaki @canva

Places
- Near this place: Add location

Dates
- From this date — to

Other
- Select: ☐ Positive :) ☐ Negative :(☐ Question ☐ Include retweets

Search

Comentários sobre você também serão feitos, mesmo que não tenham correlação com os posts. É preciso monitorar esses também. Em um mundo perfeito, toda vez que mencionassem algo a seu respeito, o registro ocorreria por meio da digitação de um "@" (Twitter e Facebook) ou "+" (Google+) antes do nome. Se fizessem isso, as plataformas iriam notificá-lo via e-mail ou quando acessasse sua página. Porém, a maioria das pessoas desconhece tal funcionalidade.

Muitos serviços podem, no entanto, monitorar menções e texto em comentários, incluindo Argyle Social, Commun.it, Google Alerts, Hootsuite, Social Mention, SocialBro e Sprout Social. E, como mencionado antes, o TweetDeck é um ótimo aplicativo para monitorar @menções e termos de busca.

43. Use "menções", não hashtags

O objetivo de uma hashtag é ajudar as pessoas a compartilhar um assunto. É diferente de uma resposta. Por exemplo, quando a Audi lança um novo carro e você quer discutir esse lançamento com outros aficionados por carros da Audi, deve usar #Audi. Quando faz um comentário sobre a empresa ou endereçado a ela e quer garantir que seja lido, o ideal é utilizar @Audi no Facebook ou no Twitter e +Audi no Google+ (h/t Gary Pageau).

44. Leve em conta todo o público

O público consiste em qualquer um que lerá sua resposta — não apenas em quem fez o comentário. É diferente do e-mail, no qual só interessam o destinatário e quem também receba a mensagem encaminhada por ele.

Nas mídias sociais, é possível que muitas pessoas estejam observando e o julguem pelo tom de suas respostas. Eu diria que esses observadores são *mais* importantes do que quem comentou. Você deve postar nas mídias sociais como um político esclarecendo uma pergunta em uma assembleia geral, e conforme qualquer político bem-sucedido lhe dirá: tudo sempre consta em ata.

45. Presuma que as pessoas são boas até que se prove o contrário

Assim como acontece com um e-mail, os comentários postados nas mídias sociais podem ser facilmente malinterpretados devido a seu formato textual. O que você toma como crítica ou ataque pode ser uma mensagem inócua ou apenas sarcástica. Ou talvez você seja ou esteja hipersensível.

Veja um exemplo:

Será que Barry estava me fazendo essa pergunta por achar que tuíto bastante ou por saber que não gosto de assistir a programas de TV? O tuíte dele dá margem a ambas as interpretações. Precisei de mais dois tuítes para descobrir que se tratava de uma simples curiosidade dele a respeito do que eu pensava e não uma crítica pelo fato de eu tuitar muito.

É sempre importante olhar o contexto em que um comentário foi feito.

46. Permaneça positivo

Como os outros o estão observando, você deve se manter positivo e agradável, não importa o quão banal, blasfemo ou atormentador seja o comentário. Você nunca pode se dar mal ao tomar o caminho certo, pois vencer a guerra com classe e credibilidade é mais relevante do que vencer a batalha travada com alguém que fez um comentário. Verdade seja dita, às vezes, esqueço de seguir essa recomendação; então, faça o que escrevo, não o que faço.

47. Concorde em discordar

Caso não seja capaz de se manter positivo (já passei por isso também), então pode, pelo menos, concordar em discordar. Nem sempre há uma maneira certa, errada ou melhor. A vida é curta demais para brigar o tempo inteiro e, quase sempre, as batalhas não valem a pena. Além disso, concordar em discordar irrita os "trolls" — adeptos do bullying cibernético à procura de brigas a fim de compensar alguma disfunção física ou vidas patéticas.

48. Faça a pergunta certa

Quando alguém expressar uma opinião negativa forte, pergunte se a pessoa tem alguma experiência direta com a questão em si. Se você compartilhou uma história sobre

Android e for atacado por um fã de iOS, por exemplo, questione o sujeito se ele já usou ou teve um celular Android. As chances de que ele não tenha usado ou tido um são grandes, e ele está somente repetindo o que ouviu. É o que lhe dá base para "saber" que ele tem razão e para opinar.

Nas mídias sociais, a combinação de certeza e ignorância é comum, lide com isso. Na verdade, em geral, quanto mais uma pessoa se mostrar certa de algo, maior sua ignorância.

49. Faça três rodadas

As melhores (e as piores) interações costumam ocorrer entre comentaristas. É fascinante observar estranhos desenvolverem relacionamentos e conduzir posts a rumos inesperados, transformando o acaso em oportunidade (embora relacionados), de forma cada vez mais intensa. Essa é a boa notícia. A ruim é que, de vez em quando, os comentaristas travam lutas implacáveis e fazem comentários mesquinhos, que nunca teriam coragem de proferir cara a cara.

Minha sugestão é adotar as regras do boxe amador e lutar por apenas três rodadas. O sino de abertura soa quando você compartilha um post. *Blim-blém!* Rodada número um: alguém escreve seu ponto de vista sobre o post. Rodada número dois: você responde ao comentário. Rodada número três: a pessoa faz sua réplica à resposta. Fim da luta.

50. Exclua, bloqueie e denuncie

Se tudo mais falhar, não titubeie em ignorar, excluir, bloquear ou denunciar trolls e spammers. Você não tem obrigação moral de interagir com eles, e não há nada de bom em se rebaixar ao nível dessa gente. Caso necessite de ajuda para identificar e diferenciar um troll de um aficionado, leia o post "Top 12 Signs You're Dealing With Trolls" ["Os 12 principais sinais de que está lidando com trolls", em tradução livre] em meu LinkedIn.

Tenho uma regra: excluo comentários impróprios (de cunho profano, racista e fora do assunto) e não hesito em sinalizar trolls e spammers assim que aparecem. A vida é curta demais para lidar com gente desmiolada, que não vale a pena.

5. Como integrar mídias sociais: redes sociais e blogs

Ideias que se espalham vencem.

SETH GODIN

Até poucos anos atrás, criar e atualizar blogs e adotar as redes sociais eram coisas distintas. A criação e a atualização de blogs consistia em escrever textos longos, sérios e elaborados de maneira artesanal. Já as redes sociais recorriam a textos curtos, pessoais e espontâneos. Muitas pessoas previram que as redes sociais substituiriam os blogs em consequência da redução da capacidade de concentração.

Eu também tinha essa impressão e migrei os posts longos, alocados em meu blog, para o Google+. Depois, em 2014, Peg me explicou sobre o valor da resiliência de redigir blogs quando o LinkedIn criou o programa *Influencer*, direcionado a posts no formato longo.

Os blogs e as redes sociais não apenas coexistem amigavelmente; os dois se complementam.

O segredo é usar um blog para enriquecer suas redes sociais com posts longos e recorrer às redes sociais a fim de promover seu blog. Este capítulo explica como integrar as redes sociais e os blogs.

51. Faça a curadoria você mesmo

Se uma pessoa à procura de conteúdo de ótima qualidade se deparasse com seu blog, ela compartilharia as mensagens postadas lá? É o que esperamos. E aqueles que o seguem não expressaram o desejo de ver seu trabalho? Logicamente, de todo o conteúdo, você deve compartilhar os posts do próprio blog. Se o post de um blog não merece ser compartilhado, não vale a pena ser escrito.

52. Acrescente certa dramaticidade

Como eu disse antes, o ideal é que todo post selecionado contenha uma foto ou vídeo, e isso se aplica aos posts de sua própria autoria. Para ser claro: estou dizendo que os posts de suas redes sociais com um link direcionado aos posts de seu blog devem exibir uma foto. Não é o momento para sutileza, introversão ou modéstia. Se escrever material de excelente qualidade que informe, analise, ajude ou entretenha, você tem a obrigação moral de conseguir que as pessoas o noticiem.

53. Adicione botões de compartilhamento

Facilite o compartilhamento dos posts de seu blog incluindo botões de compartilhamento.

Want to Increase Blog Traffic? Some Fab Tips for Success

Em vez de incluir um botão de cada plataforma, é possível utilizar um produto como o ShareThis (Compartilhe isso) no intuito de instalar múltiplos botões. Além disso, um plugin da plataforma WordPress chamado Flare pode fornecer o número total de compartilhamentos acumulados em todas as plataformas. Esse número é uma forma de prova social que talvez encoraje mais pessoas a compartilhar seus posts.

54. Conquiste seguidores

No blog, inclua links para suas contas de redes sociais, assim as pessoas podem segui-lo com facilidade. Enquanto os botões de compartilhamento encaminham posts a blogs específicos, os links mostrados aqui direcionam para suas contas de redes sociais. Caso seu blog seja cativante, as pessoas o seguirão nas redes sociais e, se as redes sociais também forem interessantes, o blog será lido.

Se você achar que exibir os botões de compartilhamento é brega e promocional demais, dê uma olhada no que faz a Tiffany & Co., a elegante grife de joias. Se a Tiffany faz, você também pode fazer.

CUSTOMER SERVICE	LATEST FROM TIFFANY	OUR COMPANY	RELATED TIFFANY SITES
US 800 843 3269	Catálogos	Corporate Responsibility	Wedding & Gift Registry
Your Account		Investors	Business Accounts
Email Customer Service	Facebook	Tiffany Careers	Tiffany for the Press
Frequently Asked Questions	Instagram	Accessibility	Mobile Site
Shipping & Returns	Pinterest		
Product Care	Twitter		Engagement Ring Finder App for iPhone®
Privacy Policy	Tumblr		Engagement Ring Finder App for Android™
Terms Of Use	YouTube		What Makes Love True App
	Google+		
			The Tiffany & Co. Foundation

55. Adicione um link ClickToTweet

Um serviço chamado ClickToTweet o habilita a incluir um link em seus posts de blog e e-mails. Ao clicarem nele, as pessoas são "presenteadas" com um rascunho de tuíte, sendo possível editá-lo ou tuitá-lo imediatamente.

De acordo com nossa experiência, muitas pessoas clicarão em um link ClickToLink. Acreditamos nisso por dois motivos. Primeiro, pode ser uma maneira fácil de gerar um tuíte de qualidade se o conteúdo for excelente. Além disso, é uma forma de agradecer por seus esforços.

Tenha certeza do que quer ao tentar usar esse serviço, pois é bastante eficaz.

56. Coloque um "pin" em todos os posts

Peg me ensinou que se deve elaborar um post no Pinterest para cada post de blog. No Pinterest, quando seu post recebe "pins" dos usuários, ele reaparece na linha do tempo. Assim, os "pins" têm um prazo de validade longo, pois "reencarnam" e conduzem mais tráfego para o post de seu blog. Nada se iguala à persistência, ou seja, à capacidade de resistência de um post do Pinterest.

57. Acrescente uma opção de "Pinar para ver mais tarde"

Muitas pessoas colocam "pins" em artigos a fim de se lembrarem de os ler mais tarde ou no intuito de colecioná-los para referência futura. Para facilitar, basta adicionar um link ao post de seu blog com uma chamada para ação que afirme "Pinar para ver mais tarde" e que aponte na direção do "pin" do artigo em questão.

Peg Fitzpatrick
Shared publicly · May 15, 2014   #Bullying

12 Most Sensible Ways to Deal with Online Bullies and Trolls
Tips from some some experienced online folks

Voltaire once said, "I do not agree with what you have to say, but I'll defend to the death your right to say it." from **+Dr. Julie Connor**

+Chris Brogan
"I thank them and let them be mostly. I delete their comments if they are distasteful but not if they're just negative."

+Aaron Lee
"One thing I learned is that **trolls love attention** and they would do anything to get it. I quickly learned that the best way to handle them is to either ignore them or just simply respond them with sarcasm. One of the big "no-no's" for me is don't waste your time arguing with them, because that would keep them coming back for more."

+Rebel Brown
"I bite my keyboard and then ignore them."

How do you handle trolls or online bullies?

Read it all here: http://12most.com/2012/10/09/12-ways-deal-online-bullies-trolls/

Pin it for later: http://www.pinterest.com/pin/232779874464330788/

#bullying #Trolls #ns

58. Adicione seu blog ao Alltop

O Alltop é um site que, ao agregar feeds de RSS, ajuda o pessoal a dar uma olhada rápida nas notícias e a encontrar conteúdo. Você pode enviar o feed de RSS de seu blog para que apareça em uma página do Alltop. O procedimento é gratuito; portanto, há pouca desvantagem. Por exemplo, caso queira se posicionar como um especialista em adoção, você deve submeter seu blog à apreciação em Adoption.alltop.

59. Comece uma lista de e-mails

Listas de e-mails antigos, da época da escola ou da faculdade, ainda são uma poderosa ferramenta de marketing. Caso eu tivesse a chance de escolher entre uma pessoa me seguindo em uma plataforma de mídias sociais ou se inscrevendo em minha lista de e-mails, sempre optaria pela lista de e-mails. Isso porque confio mais no fato de que uma pessoa irá ler um e-mail do que visualizar um post.

Utilizamos um produto chamado MailChimp para nossas listas de e-mails. Confira algumas dicas a fim de elaborar e-mails eficazes:

- **Crie uma imagem personalizada.** O texto puro é chato; então, acrescente uma imagem ao e-mail. No entanto, mais de uma imagem faz com que o e-mail pareça um spam de marketing direto.

- **Aperfeiçoe a linha de assunto.** A linha de assunto desse tipo de e-mail equivale ao cabeçalho de um post de blog, tendo de incitar as pessoas a ler. "Como...", "Os/As dez principais..." e "Adorei seu livro", todas funcionam comigo. Consulte os 74 títulos maravilhosos que o site Twelveskip compilou em um infográfico, disponibilizado no capítulo 3.

- **Seja sucinto e simples.** O tamanho ideal de um e-mail consiste em menos de cinco frases que expliquem quem, o que, por que e quando — nessa ordem. Pense em um haikai e não em *Guerra e Paz*.

- **Providencie uma assinatura completa.** Uma assinatura é a área na parte inferior de um e-mail que contém a informação de contato de seu autor. Certifique-se de fornecer seu título, endereço de e-mail e número de telefone junto com ícones direcionados a seu blog e demais contas de redes sociais. O WiseStamp é um serviço que cria excelentes assinaturas de e-mail.

- **Elimine as citações.** Caso queiram citações motivacionais, as pessoas podem comprar aqueles pôsteres com moldura, anunciados em revistas de companhias aéreas, ou recorrer ao Wikiquote. Seja breve e conciso em seu e-mail.

- **Não envie spams.** Obedeça as normas, enviando e-mail apenas a quem o requisite. O MailChimp oferece um bom resumo de leis antispam.

60. Não se esqueça do LinkedIn

O LinkedIn não costuma ser mencionado como uma plataforma de mídia social porque as pessoas pensam nele como um site para busca de emprego e desenvolvimento empresarial. No entanto, como afirmei antes, Peg me mostrou que o LinkedIn é uma plataforma de mídia social poderosa, agradável e valiosa.

Isso ocorre porque há centenas de milhões de pessoas no LinkedIn que sabem o quão útil essa plataforma é para as próprias carreiras. Não fazem tantos posts e comentários inadequados lá, pois não estão se escondendo atrás de identidades fictícias e sabem que atitudes estúpidas podem afetar suas perspectivas de trabalho.

Para visualizar o que as pessoas consideradas "influentes" no LinkedIn estão postando, basta clicar em suas fotos. A alta qualidade do conteúdo e o grande número de seguidores são impressionantes. Além disso, o LinkedIn conta com algo maravilhoso: a ausência de quem conquista a fama ao aparecer em um vídeo de sexo, ao ser preso por dirigir alcoolizado ou ao praticar abuso conjugal e demais tipos de violência doméstica.

61. Escreva guest posts

Redigir guest posts, ou seja, publicar artigos como convidado em sites como o *Huffington Post,* HubSpot e MarketingProfs pode expô-lo a novos públicos. São uma opção poderosa se você não dispuser de tempo para manter o próprio blog ou tiver um evento especial que queira promover para além de seus seguidores e leitores.

Além desses sites de grande porte, você deve entrar em contato com outros sites e blogs que talvez se interessem por seus guest posts. Você pode se surpreender ao descobrir que muitos estão desesperados em busca de mais conteúdo. Assisto a *pitches* todos os dias; então, deixe eu lhe dar algumas dicas sobre como elaborar um *pitch* eficaz.

- **Garanta que seu post seja considerado relevante.** Muitos *pitches* me deixam com vontade de saber por que o escritor ou o publicista acha que eu devo publicar tal post.

- **Não envie um e-mail pré-formatado a vários blogs e sites ao mesmo tempo.** Sou capaz de identificar a abordagem de "jogar a isca e rezar" na primeira linha. Exemplo: "Estou escrevendo para sugerir uma história empresarial fascinante para o blog do Open Forum: 'Como fazer US$75 bilhões este ano otimizando seu site'."

- **Anexe um rascunho ao *pitch*.** Não espere que eu percorra inúmeras etapas para ler seu rascunho. Perderei o interesse após dois e-mails.

- **Não me faça editar seu texto.** Estou à procura de ganho rápido com o mínimo de trabalho. Se eu tiver muito trabalho, é bem possível que escreva o post por conta própria.

- **Não recorra a uma firma de relações-públicas para elaborar o *pitch*.** Redija-o você mesmo ou não o faça. Se for importante que seu artigo seja postado por mim, então me peça. Se não for relevante o suficiente para me pedir diretamente, por que eu deveria compartilhá-lo?

62. Utilize o SlideShare

O SlideShare é o herói não aclamado do conteúdo viral. Um SlideShare popular pode atrair dezenas de milhares de visualizações. Recomendamos que você adapte seus posts de blogs mais populares e os converta em apresentações em SlideShare.

Por exemplo, nós apresentamos um webinar muito popular para Mari Smith, chamado "The Perfect Post" ["O post perfeito"] e a apresentação no SlideShare também se tornou bastante popular. As apresentações em SlideShare têm uma aparência fantástica ao serem tuitadas, pinadas ou compartilhadas no LinkedIn.

63. Ingresse em redes de blogs

Redes de blogs são grupos de blogueiros que compartilham as histórias uns dos outros. Essa prática amplia o alcance social de cada integrante. Ilustrando: a Triberr agrega o feed RSS de seu blog e compartilha os posts com quem pertence à sua "tribo". Por outro lado, os integrantes da tribo compartilham seus posts nas redes sociais deles. Peg tem 30.500 seguidores no Twitter, mas consegue atingir um total de 9 milhões de pessoas por meio dos integrantes da tribo dela.

64. Insira posts em seu blog

Inserir seus posts de redes sociais no próprio blog é uma boa maneira de conseguir mais seguidores. (Aqui estão as instruções do Facebook, Twitter, Google+, SlideShare e Youtube.) Isso enriquece a experiência em seu blog e propicia aos leitores uma forma fácil de encontrá-lo nas plataformas de mídias sociais.

65. Habilite o login social

O login social permite que as pessoas se cadastrem em seu site ou serviço usando as respectivas credenciais do Twitter, Facebook, Google+ e de outras plataformas. De acordo com Michael Stelzner, do Social Media Examiner, isso torna o cadastro mais rápido e fácil, integra os avatares existentes, exibe a informação de contato e reduz os spams, pois as pessoas costumam ser autenticadas (h/t Silvino Santos).

66. Conheça pessoas na vida real

As mídias sociais podem ajudá-lo a começar, construir e manter relacionamentos com pessoas do mundo inteiro. Mas encontrá-las frente a frente pode fazer com que seu relacionamento se fortaleça e melhore. Portanto, você deve ir a conferências e encontros sempre que possível (h/t Michelle Kay).

Conferências são um ótimo lugar para conhecer muitas pessoas ao mesmo tempo, porém grupos menores também funcionam. É o caso dos tweetups e dos Hangouts na vida real (H.I.R.L.s, na sigla em inglês). Ilustrando: em geral, os integrantes do Google+ promovem caminhadas fotográficas com pessoas que conhecem on-line. Esta foto retrata uma caminhada fotográfica em São Francisco, com o artista Trey Ratcliff. Assim você pode ter ideia do quanto essas atividades são divertidas.

Crédito da foto: *Peter Adams*.

A ARTE DAS REDES SOCIAIS | 105

Este é um registro do encontro de Peg com a amiga virtual Jodi Okun na conferência BlogHer2013. Aqui estão as duas em um dos melhores photobombs dos últimos tempos.

67. "Peg" seu post

De agora em diante, "Peg" é um verbo que significa integrar totalmente redes sociais e blogs. Estes são os dez passos que Peg utiliza para promover um post de blog:

1. Escreva múltiplas versões do título do post, todas interessantes e que mereçam ser clicadas.

2. Crie três imagens na Canva: 735x1102 pixels, 788x940 pixels e 512x1024 pixels.

3. Pine a imagem de 735x1102 pixels no Pinterest com dois links (um no campo de descrição e um no campo de origem) direcionados ao post do blog. Depois, basta inserir o pin no post do blog com o dispositivo Pinterest widget.

4. Compartilhe o link para seu post no LinkedIn com a imagem de 788x940 pixels. Certifique-se de que o nome da imagem combine com o título do post, pois o LinkedIn mostra o nome da imagem — e "imagem819809754.jpg" é estranho.

5. Crie um post mais longo no Google+ com a imagem de 735x1102 pixels, um link direcionado ao blog e outro ao post do Pinterest.

6. Compartilhe um post curto no perfil e na página do Facebook com a imagem de 788x940 pixels. Inclua uma pergunta para iniciar a conversa no Facebook, junto com dois links — um dirigido ao blog e um ao post do Pinterest.

7. Tuíte o post do blog com a imagem de 512x1024 pixels.

8. Agende tuítes adicionais com citações do post, usando títulos diferentes.

9. Compartilhe seu artigo em grupos do LinkedIn e do Facebook, e também em comunidades do Google+ que sejam importantes para você.

10. Inclua hashtags relevantes ao compartilhar seu post de modo que mais pessoas possam encontrá-lo.

Honestamente, Peg faz muito mais do que isso com os posts do blog dela, mas uma descrição completa faria "sua cabeça explodir".

6. Como conseguir mais seguidores

Não almeje ser popular; seja refinado.
Não deseje ser famoso; seja amado.
Não sinta orgulho de ser esperado;
seja palpável, inconfundível.

C. JOYBELL C.

Há somente dois tipos de pessoas nas mídias sociais: aquelas que querem mais seguidores e as que estão mentindo. Em 2014, uma busca no Google por "como conseguir mais seguidores" gerou 284 milhões de resultados, o que é bastante sugestivo. Este capítulo explica como conquistar um número maior de seguidores, quer admita que os deseja ou não.

68. Compartilhe material de boa qualidade

Compartilhar bom material corresponde a 90% da batalha de captar novos seguidores. Quase todo o restante equivale a mera otimização. Ponto final.

69. Migre para novas plataformas

Ok, existe ainda outra maneira de conseguir mais seguidores: migrar para uma nova plataforma assim que ela for lançada. É muito mais fácil acumular seguidores quando a plataforma é nova porque há um número menor de pessoas a seguir e menos burburinho.

Em julho de 2014, eu tinha 6,4 milhões de seguidores no Google+. Migrei para lá poucas semanas após seu lançamento. Se fosse recomeçar no Google+ ou em qualquer outra plataforma já existente, não conseguiria alcançar a maior parte de quem iniciou mais cedo.

Toda nova plataforma cria uma série de "astros e estrelas". Por exemplo, nunca fui capaz de alcançar a Joy Cho no Pinterest, considerando que em julho de 2014 ela já tinha mais de 13 milhões de seguidores. Mas ela também teria dificuldade de me alcançar no Google+, onde Joy contava com apenas 140 seguidores nessa época. Uma nova plataforma é um território a ser conquistado: caso queira inúmeros seguidores nela, você tem de entrar logo, e "logo" quer dizer antes de ficar claro que a plataforma será um sucesso.

7. Como promover eventos de socialização

Eu gosto de grandes festas. São tão íntimas. Nas festas pequenas não há nenhuma privacidade.

F. SCOTT FITZGERALD, O GRANDE GATSBY

Participo como palestrante de mais de cinquenta eventos por ano e tenho observado que inúmeras empresas não recorrem às mídias sociais para aumentar a visibilidade e o valor dos eventos. Em vez disso, focam em ações pré-evento a fim de impulsionar o comparecimento e fazem muito pouco, ou nada, com as mídias sociais no evento em si. Em 2013, Peg e eu trabalhamos nos eventos da Motorola direcionados ao lançamento do celular Moto X no México, na Argentina, no Brasil, no Peru, na Colômbia e no Chile. Eu era o palestrante principal, e ela, a "ninja" das mídias sociais. Nessa apresentação itinerante, aprendemos a usar as mídias sociais para agitar um evento. Este capítulo é dedicado a lhe transmitir nosso conhecimento.

70. Escolha uma hashtag curta e permanente

Poderíamos ter optado por hashtags como "#MotoXBrasil2013", "#MotoXMexico2013" ou "#MotoXPeru2013", mas elas teriam durado, no máximo, três dias. Em vez dessas, adotamos uma hashtag curta, genérica e permanente: "#MotoX".

O objetivo é selecionar uma hashtag que virará tendência e marcará presença nos perfis das pessoas no Facebook, quer se refira a um evento no Brasil, no México ou no Peru, ou a novos comerciais de televisão. No nosso caso, em particular, singularidade era uma preocupação ao usar "#MotoX", por ser também usada para eventos de motocross. Mas, se eu tivesse de optar entre uma hashtag curta e outra única, escolheria (e escolhi) a curta e lidaria com qualquer eventual confusão.

71. Integre a hashtag a tudo

Comece utilizando a hashtag desde o começo da promoção do evento. Ou seja, ela deve estar presente no site da empresa, na publicidade e também na assinatura de e-mail. O programa impresso deve exibi-la na capa. Os slides de abertura devem divulgá-la com fonte tamanho sessenta; já os seguintes devem apresentá-la no rodapé. Todos — colaboradores, palestrantes, vendedores e convidados — devem saber do que se trata.

72. Peça que todos a usem

Não basta disseminar a hashtag; é preciso também encorajar os outros a utilizá-la. Tanto a "voz de Deus" na conferência quanto o apresentador do evento devem pedir às pessoas que compartilhem posts com a hashtag. Perto do término do tour do Moto X, eu começava meus discursos de abertura pedindo às pessoas que tuitassem, avisando que estavam no evento, não deixando de incluir a hashtag, e esperava até fazerem isso.

Audácia conta, e muito, em mídias sociais.

73. Vá além do evento

O público de um evento consiste em qualquer pessoa no mundo que se mostre interessada em seu produto ou serviço, não se restringe a quem está no evento. Um tuíte como "Não está no Brasil? Veja o que o Mashable pensa do #MotoX: http://mashable.com/2013/08/01/moto-x-hands-on/" seria eficaz, e bastante gente iria compartilhá-lo novamente.

74. Tenha alguém dedicado a isso

Visando promover a socialização de um evento, pelo menos uma pessoa deve ter a responsabilidade exclusiva de focar nas mídias sociais; e ela terá muito a fazer:

- **Antes:** Compartilhar posts promocionais para as pessoas saberem do evento e participarem.

- **Durante:** Tuitar o que está acontecendo e tirar fotos dos palestrantes e convidados. Fazer o upload dessas fotos ao longo dos intervalos e repostar atualizações de outras pessoas.

- **Depois:** Compartilhar artigos sobre o evento assim como mais fotos e vídeos. Incentivar os participantes a compartilhar novamente as próprias fotos.

Katie Clark, uma pesquisadora de marketing, sugere contratar uma personalidade da área de mídias sociais para essa função, caso você não disponha de um especialista no assunto. A pessoa em questão irá saber o que fazer, amplificar a exposição com as próprias contas, além de cobrar favores de amigos que possuem seguidores. Essa foi a função que Peg assumiu junto à Motorola na América do Sul.

75. Faça uma cobertura ao vivo via streaming

Pense no quanto está gastando para que um evento aconteça de fato. Por que não fazer a cobertura com transmissão ao vivo pela internet? Tem medo de que muita gente compre o seu produto? Seja realista. Caso anuncie um produto em Bogotá, você deseja que um blogueiro em Moscou também escreva sobre o produto em questão.

Não se atormente com a possibilidade de uma transmissão reduzir o comparecimento ao evento. Se assisti-lo ao vivo via streaming for tão bom quanto pessoalmente, o evento talvez seja uma porcaria.

76. Publique atualizações em tempo real

Caso não faça o streaming de vídeo ao vivo, oriente o profissional de mídias sociais a providenciar atualizações detalhadas. É provável que recorrer ao Twitter, ao Instagram ou a seu blog para isso seja o melhor a fazer. Grupos como o site *The Verge* proporcionam coberturas excepcionais de eventos, tais como os pronunciamentos da Apple. Você pode aprender com o que eles fazem.

Atualizações em tempo real não são tão boas quanto o streaming ao vivo, mas são mais baratas e fáceis de se fazer. Também são melhores para quem não pode assistir a vídeos no trabalho por causa de políticas da empresa ou dispor de banda larga limitada.

77. Mostre o fluxo do Twitter

Use serviços que mostrem os tuítes contendo sua hashtag e transmita esse fluxo, reproduzindo-o em uma tela na conferência. A exibição de tais tuítes estimula maior interação e uso da hashtag. Para algumas pessoas, ver o próprio tuíte rolando em uma tela é como ver sua imagem em exibição na Times Square.

A ARTE DAS REDES SOCIAIS | 115

O Twubs e o Tchat são dois serviços que fazem isso e escondem os retuítes de modo a eliminar a repetição. Confira mais informações sobre a exibição de tuítes no capítulo 9 (h/t Bruce Sallan).

78. Disponibilize wi-fi

Serei bem direto: você está gastando milhares de dólares para fazer o evento. Está batalhando na divulgação da hashtag e pedindo a todos que a usem. Mas está restringindo o acesso à internet. Você está maluco?

Ao escolher o local do evento, leve um computador ou celular e teste a velocidade de conexão em cada instalação via Speedtest. Diga ao responsável pelo local que você espera ter centenas de pessoas usando a rede ao mesmo tempo, de maneira que fará o evento em outro espaço se não dispuser de um bom acesso à internet ali. Se nada der certo, tenha hotspots móveis ou transforme alguns smartphones em hotspots. Não há desculpa plausível para não oferecer boa internet.

Não proteja a rede wi-fi com senha. Uma rede wi-fi protegida com senha é o inimigo do boca a boca das mídias sociais. Se tiver de proteger a rede wi-fi com senha, publique-a em toda parte — o que, claro, significa que a segurança é uma ilusão; logo, poderia muito bem não usar uma senha!

79. Providencie um lugar para tirar fotos

Preparamos uma área destinada a fotos nos eventos do Moto X. Bastavam uma boa iluminação e um painel de fundo com "Moto X" impresso em toda a sua extensão. As pessoas viam o painel de fundo e pensavam que se tratava do momento dos 15 minutos de fama: *"Vamos fingir que somos astros e estrelas de Hollywood."*

As pessoas compartilharão cerca de 100% dessas fotos — de preferência, com sua hashtag.

80. Tire e compartilhe fotos espontâneas

Contrate um fotógrafo profissional para tirar fotos espontâneas no evento. Ele custará bem menos do que você gastaria com pen drives personalizados com seu logotipo, a serem distribuídos como lembrança, e dos quais as pessoas não fazem questão.

Nos eventos do Moto X, posei para fotos com quem me pediu (e pedi a quem não me procurou) em frente ao painel de fundo com "Moto X". Após cada evento, enviamos um e-mail aos convidados informando onde podiam encontrar a coleção de fotos e os encorajamos a fazer o download e a compartilhá-las com a hashtag Moto X.

81. Ponha seus palestrantes para trabalhar

Muitas vezes, os palestrantes se dirigem apressados a uma entrevista coletiva, de acesso limitado, ou concedem entrevistas logo após sua apresentação. Depois, é possível que façam uma rápida aparição pública, mas rodeados pela própria equipe para protegê-los não sei do quê. É um grande erro.

O ideal, inclusive, é que os palestrantes possam ir além e, em vez da mera boa vontade para fotos com os participantes, devem adotar uma atitude proativa, pedindo às pessoas que tirem fotos com eles. Ninguém recusará o pedido e, então, provavelmente, 100% dessas fotos também serão compartilhadas.

82. Chegue aos quatro cantos do mundo

Uma vez que tenha fotos e vídeos, compartilhe-os em todas as plataformas. No caso dos eventos Moto X, compartilhamos fotos no Google+, no Twitter, no Facebook e no Instagram para a Motorola. O objetivo era fazer com que cada um presente no evento visualizasse as respectivas fotos e vídeos e também os repostasse. Com magia e um pouco de esforço direcionado às mídias sociais, você é capaz de fazer com que seu evento pareça ter sido o melhor lugar para se estar.

8. Como usar o recurso "Hangouts on Air" do Google+

> *A leitura torna o homem completo; a conversação lhe confere agilidade; e a escrita lhe dá precisão.*
>
> FRANCIS BACON, OF STUDIES

Mais adiante, no capítulo 11, daremos dicas para cada plataforma, mas dedicamos este capítulo exclusivamente aos Hangouts on Air (HOA), conhecidos como Hangouts no ar, em português, porque essas transmissões públicas de vídeos são uma maneira mágica de agitar as mídias sociais. Por exemplo, de que outra forma Desmond Tutu e o Dalai Lama poderiam alcançar milhares de pessoas em um evento?

Mesmo que você não seja Desmond Tutu nem o Dalai Lama, usar os HOA, do Google+, é como ter seu próprio canal de televisão.

Trata-se de algo que você não consegue fazer com o Pinterest, o Twitter ou o LinkedIn. Assista aqui a um HOA sobre autopublicação para lhe dar uma ideia de como pode utilizar este aplicativo "matador" do Google+. (Esse HOA foi transmitido antes de Peg e eu compreendermos a importância de uma boa iluminação!)

Um HOA é uma transmissão pública por meio da página do Google+ e do canal do Youtube. Depois, essa transmissão é automaticamente arquivada no seu canal do YouTube, permitindo que você a compartilhe mais tarde. É possível iniciar um HOA em quase qualquer país onde o Google+ está disponível, com algumas poucas exceções.

Além do HOA, o Google+ oferece Hangouts "regulares" — sessões de chat, ou seja, de bate-papo por vídeo (videoconferências), nas quais até dez pessoas podem se reunir. Esses Hangouts não são gravados nem arquivados automaticamente no seu canal do YouTube. Na maioria das vezes, não vale a pena mantê-los, muito menos compartilhá-los.

O Google+ proporciona bastante informação, com instruções direcionadas aos HOA. Neste capítulo você encontra mais dicas poderosas para maximizar o sucesso dos próprios HOAs como parte de seu kit de ferramentas de mídias sociais.

83. Consiga o equipamento correto

Dando tudo certo, milhares de pessoas assistirão ao seu HOA — algumas enquanto o evento estiver ocorrendo e muitas mais depois de gravado. Isso torna o investimento em equipamento algo prudente, se não imperativo. Veja aqui o que eu utilizo:

- **Webcam.** A webcam Logitech C920-C provavelmente é muito melhor do que a câmera do seu laptop.

- **Microfone e fones de ouvido.** O headset Logitech H530 provavelmente é bem superior ao microfone do seu laptop.

- **Iluminação.** A Westcott uLite 2-Light deve superar a qualidade da estrutura de iluminação de seu escritório ou casa. Com certeza, é melhor do que a que eu e Peg tínhamos quando produzimos o HOA sobre autopublicação, sobre o qual falei neste capítulo. Assista ao vídeo, feito por Mari Smith, e aprenda como iluminar seu "estúdio".

- **Fundo de cena.** Há grandes chances de que o painel de fundo, desmontável, da Fotodiox, seja um fundo de cena excelente, melhor do que mostrar toda a "porcaria" disponível em sua casa ou escritório.

Às vezes, também recorro ao SeeEye2Eye. É um dispositivo semelhante a um periscópio que o ajuda a olhar na direção da câmera, não para a imagem das pessoas no monitor. Isso faz com que quem o assiste tenha a impressão de que seu olhar estará direcionado a ele.

Na verdade, não é preciso comprar todo esse equipamento, pois a maioria dos computadores oferece os mesmos recursos. No entanto, se você levar as mídias sociais a sério, seria um dinheiro bem gasto.

No mínimo, arrume a configuração de modo que a câmera esteja no nível dos olhos, mire a câmera e tente se lembrar de que, toda vez que estiver olhando para a imagem de alguém, não estará fazendo contato visual com essa pessoa.

84. Estruture sua apresentação

Há duas teorias sobre como estruturar um HOA. Uma delas é que não devem ser estruturados com antecedência, e sim espontaneamente e de improviso. Isso é ótimo quando se trata de Desmond Tutu ou Dalai Lama.

A outra teoria é que você deve planejar, elaborar um roteiro e organizar os próprios HOAs. Somos a favor dessa abordagem a fim de maximizar o valor de cada evento. Pense em si mesmo como um professor e nos HOA como aulas ou palestras cujo objetivo é inspirar espectadores a repostá-los.

85. Crie uma página de evento

Uma página de evento ajuda a maximizar a participação, de modo que as pessoas possam acrescentar um item do calendário do Google e um lembrete RSVP (*"Répondez s'il vous plaît"*, em francês; "Responda, por favor", em português). Veja algumas instruções sobre como fazer isso.

A página de evento deve descrever o programa e oferecer links direcionados a informações referentes à biografia dos apresentadores e ao fuso horário. Adicionar fotos dos palestrantes à página do evento irá gerar uma notificação dirigida às pessoas que confirmaram a participação via RSVP, o que é um bom lembrete para participar do evento.

86. Elabore uma capa personalizada

Uma capa personalizada para a página de evento aumentará sua visibilidade. Ronnie Bincer, o sujeito por trás do site

The Hangout Helper, explica como fazer isso. O cabeçalho deve ter 300x1200 pixels. Veja um exemplo:

APE Book Makeover HOA with Guy Kawasaki and Shawn Welch

87. Produza um trailer

Um trailer é uma ótima maneira de promover seu HOA. É algo para os palestrantes e seguidores compartilharem no intuito de obter mais audiência. Jeff Sieh, criador do *The Manly Show*, é um mestre na arte de fazer trailers. No vídeo da imagem a seguir, ele explica como. Invista 41 segundos de seu tempo e assista ao trailer.

88. Crie um overlay personalizado no terço inferior da tela

Um overlay personalizado no terço inferior da tela é uma legenda que contém seu nome e afiliação. É um "toque" mínimo que confere maior profissionalismo ao HOA. É possível criar um com o Hangout Toolbox ou por meio do site HangoutMagix.

89. Convide os palestrantes via e-mail

Ao dar início ao próprio HOA, você pode convidar os palestrantes por meio de uma +menção ou de um e-mail. Recomendamos que faça as duas coisas, pois os palestrantes com muitas notificações por +menção terão dificuldade de encontrar aquela relacionada a seu evento. Além disso, alguns deles talvez nem saibam onde procurar as notificações.

Peça que os palestrantes mantenham o link do convite à mão de modo que, caso percam a conexão com o HOA ou saiam sem querer, consigam voltar. Isso acontece comigo pelo menos uma vez durante cada HOA. Então, mantenha o link à mão para si mesmo também.

90. Ajude as pessoas a assistir em mais lugares

Não é preciso ser membro do Google+ para assistir a um HOA. Se você inseriu o código ou o URL do YouTube em seu blog ou site, qualquer um pode assistir ao HOA ao vivo ou à gravação, em outro momento.

Um serviço chamado 22Social permite que as pessoas assistam a um HOA no Facebook. Ao utilizar tal serviço, você é capaz de fazer promoção cruzada e transmitir seu HOA pela página do Facebook também.

Mari Smith faz muito bom uso dessa técnica. Devido à sua ótima presença diante da câmera, ela consegue ganhar mais seguidores no Google+ deixando que os fãs no Facebook a vejam ao vivo e "pessoalmente" nos HOA. Os seguidores do Facebook podem encontrar um evento com os recursos do 22Social por uma aba ou um link capazes de ser compartilhados em qualquer plataforma.

91. Use roupas lisas

As câmeras de vídeo "detonam" roupas com estampas complexas e listras. O efeito é chamado "moiré" e tem a aparência de ondas no vídeo. A maneira de prevenir tal efeito é vestir roupas sem estampas e aderir às cores sólidas.

Crédito da foto: Eric Harvey Brown.

92. Envie um checklist

Certa vez, Peg e eu organizamos um HOA com um autor que, cinco minutos antes do horário programado para começar, nos avisou que não tinha uma conta no Google+. Isso ocorreu após termos enviado vários e-mails lhe perguntando se ele tinha uma conta e pedindo que realizasse testes HOA. As pessoas não fazem ideia do que não sabem e nem sempre perguntam.

Envie o checklist a seguir aos palestrantes (menos o que estiver entre parênteses) a fim de ajudá-los a se organizarem para o evento. Um pouco de preparo evitará inúmeras situações desagradáveis mais tarde.

- Você tem uma conta no Google+? (O número de palestrantes que concordam em participar de um HAO, mas não está no Google+, talvez o surpreenda.)

- Sabe sua senha do Google? (O número de pessoas que não sabem pode deixá-lo espantado também.)

- Dispõe de luz adequada para iluminar seu rosto de frente?

- Possui um microfone ou headset? Um microfone embutido e alto-falantes não são suficientes.

- Seu computador tem webcam? (É possível que fique pasmo com o número de pessoas que não têm uma webcam.)

- Já instalou o aplicativo HOA do Google+? (Na primeira vez que participa de um HOA, a pessoa tem de instalar um aplicativo.)

- Arrumou tudo de modo a não ser interrompido, exceto por animais de estimação e crianças fofas?

- O local de onde fará o HOA é tranquilo?

- As campainhas do telefone estão desligadas?

- Promoveu o HOA entre seus seguidores e pelo banco de dados do próprio e-mail?

- Passou o número de seu celular ao organizador e lhe pediu o dele?

93. Ensaie e comece cedo

Se seu objetivo era criar uma interface de usuário confusa e complicada, você poderia utilizar o design do HOA como uma meta aspiracional. Poderia, então, piorar o problema trocando a interface de usuário no dia seguinte, depois de as pessoas terem finalmente compreendido como o Google faz.

Todo HOA de que participei contou com momentos como o do próximo cenário. É sério. Não estou brincando sobre as perguntas que surgirão.

— *Joe, não conseguimos ouvi-lo. É provável que esteja no modo silencioso.*
— *Como saio do modo silencioso?*
— *Vê aquele microfone no meio da barra de menu na parte superior da janela?*
— *Não, não vejo nada disso.*
— *Tente clicar na janela.*
— *Estou em um escritório. Não há janelas aqui.*
— *Procure na área de bate-papo por minhas instruções.*
— *Que área de bate-papo?*
— *Clique na coisa azul no canto superior esquerdo da janela.*
— *Já lhe disse, estou em um escritório. Não há janelas aqui.*

É necessário fazer um ensaio total e começar trinta minutos antes, pelo menos, pois a interface do HOA deixará 100% dos convidados desorientados 100% do tempo.

9. Como agitar um chat no Twitter

> *Às vezes, quando dou a impressão de estar absorto em meus pensamentos, estou apenas tentando não conversar com as pessoas.*
>
> PETE WENTZ

Um chat no Twitter é um evento ao vivo no qual as pessoas incluem uma hashtag em seus tuítes para discutir um assunto. Um anfitrião tuíta perguntas com a hashtag e um convidado posta respostas com a mesma hashtag. O público procura pela hashtag para acompanhar o debate e contribuir com perguntas, comentários e retuítes.
Os bate-papos no Twitter são particularmente desafiadores porque os convidados precisam pensar e digitar rápido. Por outro lado, os Hangouts on Air do Google+ requerem que você pense e *fale* rápido. A maioria das pessoas acha mais fácil pensar e falar do que pensar e digitar. Este capítulo irá ajudá-lo a agitar os chats no Twitter como anfitrião ou convidado.

94. Use as ferramentas certas

Os chats no Twitter apresentam dois desafios: primeiro, lembrar de incluir a hashtag do bate-papo em cada tuíte; segundo, lidar com o fluxo "furioso" de tuítes. Por esses motivos, recomendo duas ferramentas, Tchat e Twubs, pois ambas incluem automaticamente a hashtag em seus tuítes e também escondem os retuítes. São as mesmas ferramentas mencionadas no capítulo 7 para exibir os tuítes durante eventos.

Com o Tchat e o Twubs, você não tem de se lembrar de digitar ou colar a hashtag, e não verá os retuítes de todo mundo durante o chat. Esconder os retuítes reduzirá, de forma significativa, o número de tuítes no stream, facilitando bastante o acompanhamento.

Peg gosta de usar o TweetDeck para chats no Twitter, com três colunas: (1) *@menções*, (2) uma busca pela hashtag, e (3) mensagens diretas.

Antes de ser um anfitrião ou convidado em um chat do Twitter, teste os diferentes métodos e veja qual funciona melhor com você.

95. Escolha uma hashtag curta e permanente

Uma hashtag curta, única, é mais fácil de ser lembrada, não requer tanta digitação, sobretudo no que diz respeito às pessoas que não utilizam ferramentas como o Tchat e o Twubs, e deixa uma sobra maior de caracteres para os tuítes em si. (Não esqueça: o Twitter tem um limite de 140 caracteres.) É o mesmo conceito de adotar uma hashtag no intuito de divulgar um evento, abordado no capítulo 7.

Uma hashtag permanente aumenta a consciência de marca ao término do chat e é útil caso o chat se torne um evento regular. Você não quer ter o trabalho de treinar mais uma vez as pessoas para utilizarem uma nova hashtag. Escolha algo curto, fácil de soletrar e de lembrar. Nós, por exemplo, usamos #Canva para qualquer chat no Twitter relacionado à Canva.

96. Prepare os convidados

Um chat no Twitter é uma das experiências mais caóticas nas mídias sociais. É possível que várias pessoas façam perguntas a você e a seus convidados, além de comentários, tudo ao mesmo tempo. Como anfitrião, é preciso se preparar e preparar também seus convidados para esse caos; afinal, poucas pessoas têm experiência com tamanha interação, de nível tão intenso. Confira três sugestões:

- **Seja conduzido pelo público.** Um chat no Twitter não é necessariamente sobre o que você e seus convidados querem promover, mas sim sobre o que o público quer discutir. Portanto, os convidados precisam reagir de forma rápida, sucinta e verdadeira, e ainda resistir à tentação de promover demais uma ideia.

- **Permaneça centrado em P&R.** Responder a tantas perguntas quanto possível é algo crucial ao sucesso de um chat no Twitter. A chave é focar em encontrar os tuítes com um ponto de interrogação. Ignore os irrelevantes, repetitivos ou estúpidos, e não se preocupe em se dirigir a cada comentário e pergunta, pois ninguém pode dizer que não fez isso.

- **Elabore um esboço prévio.** Envie aos convidados uma lista das prováveis perguntas antes do chat, para que consigam revisá-las. Isso lhes dará a oportunidade de preparar respostas, reunir recursos que talvez queiram compartilhar e elaborar um rascunho das respostas a fim de facilitar e agilizar as réplicas. A capacidade de fingir espontaneidade é uma vantagem poderosa em um chat no Twitter.

97. Digite rápido

Velocidade é tudo em um chat no Twitter; então, se você costuma digitar devagar, está em maus lençóis. Não espero que pratique digitação com Mavis Beacon, mas você deve recrutar um ótimo digitador para transmitir suas respostas. Tenha em mente que o trabalho do digitador é digitar o que você diz, não editar, aconselhar ou garantir que seu tuíte não seja chato.

Quanto mais rápido puder digitar, você ou seu representante, maior o número de tuítes a ser respondido e, quanto mais for capaz de responder, maior será o sucesso do chat no Twitter. De fato, é possível que deseje praticar digitando mensagens de 140 caracteres. O objetivo é entreter, gerar interesse e informar em um montante de caracteres inferior a 140 e em menos de 30 segundos.

98. Adote @menção para suas respostas

Ao responder a uma pergunta ou comentário, certifique-se de citar o tal sujeito, adotando @menção. Isso significa digitar "@" e o nome do usuário. O destinatário e o público podem, então, ver que seu tuíte está direcionado a uma pergunta ou a um comentário de uma pessoa específica.

99. Divulgue

Se for convidado a participar de um chat de alguém no Twitter, divulgue. Ao fazer isso, você ajudará o anfitrião a trazer novos convidados ao chat, além de dar aos seguidores a oportunidade de que apareçam e tuítem com você.

100. Faça um resumo

Após o término do chat no Twitter, reúna os tuítes, remova os retuítes e comentários e providencie um resumo. Veja um exemplo de um chat no Twitter durante o lançamento do livro *APE: Author, Publisher, Entrepreneur — How to Publish a Book*, do qual fomos os anfitriões, utilizando um serviço chamado Storify para organizar o resumo.

O resumo deve conter as melhores perguntas e as respectivas respostas. Você pode adicionar conteúdo da Amazon, do Instagram, do Facebook e do YouTube para torná-lo mais interessante. É uma maneira excelente de "prolongar a vida" do chat. Uma vez que disponha do resumo, envie-o aos participantes e inscritos, e compartilhe-o em todos os locais que conseguir.

10. Como evitar parecer um "sem-noção"

Todo o problema do mundo é que os idiotas e os fanáticos estão sempre muito seguros de si, enquanto as pessoas mais sábias estão repletas de dúvidas.

BERTRAND RUSSELL

Faça este teste rápido:

- Em inglês, a pronúncia do sobrenome de Steve Jobs rima com *robes* ou *robs*?
- Em inglês, a pronúncia de Lucchese, a empresa texana de botas, é "Lu-cheese-ee" ou "Lu-kay-zee"?
- Em inglês, a pronúncia de *quay*, como em Sydney, Circular Quay da Austrália, é "kway" ou "key"?

A resposta correta para cada é a segunda opção. Quando as pessoas fazem as escolhas erradas, parecem ser "sem-noção" aos olhos de quem tem informações privilegiadas. Não queremos que você pareça um "sem-noção" nas mídias sociais. Então, continue a ler a fim de ficar bem-informado sobre o assunto.

101. Jamais se comporte como um idiota

Nas palavras do pai do coelhinho Tambor, no filme *Bambi*: "Se não tiver nada agradável a dizer, não diga nada." Aperfeiçoamento moral é algo excelente. Sarcasmo é ótimo. Manter-se na defensiva é algo inconcebível. Difamação de outros pontos de vista é inadmissível. Reclamar que um post não é perfeito para você é inaceitável. Caso não goste de um post, cale-se e siga adiante.

102. Nunca diga às pessoas o que compartilhar

Dizer aos outros o que compartilhar não é apenas um sinal de "falta de noção", mas um *outdoor*, anunciando "total falta de noção". Se não gostar do que alguém compartilha, não o siga. Você não está pagando para ler o post da pessoa em questão; portanto, não se sinta no direito de lhe dizer o que compartilhar. O sol não gira ao redor da Terra, e a internet não gira ao seu redor.

103. Não compre seguidores, curtidas ou "+1s"

Apenas fracassados e trapaceiros pagam por seguidores, curtidas e "+1s". (Podemos lhe dizer como nos sentimos realmente?) Não nego que as pessoas pensam que um grande número de seguidores representa uma prova social de virtude, porém comprar seguidores é tolice. Veja como empresas de grande porte vão ladeira abaixo.

- O CEO participa de uma conferência ou lê a *Fast Company* e decide que sua empresa tem de utilizar mais as mídias sociais.

- Ele diz ao diretor de marketing que quer ver alguns resultados, mostrando um aumento no número de seguidores, curtidas e "+1s".

- O diretor de marketing se dá conta de que não há ninguém que entenda de mídias sociais na empresa (o que não é verdade, mas é uma divagação minha). Então, a escolha fácil, segura e aparentemente lógica é contratar alguém das agências da empresa, visto que tais agências estão repletas de especialistas no assunto.

- A primeira coisa que o executivo de mídias sociais, recém-contratado, faz é manter sua antiga agência a fim de atingir os objetivos do diretor de marketing.

- A agência solicita e recebe um grande orçamento que inclui verba suficiente para comprar seguidores, curtidas e "+1s" para alcançar suas metas.

- A agência gasta o orçamento e, para grande surpresa, atinge os números. A vitória é declarada, e todos estão felizes.

Nesse meio-tempo, como seguidores, curtidas e "+1s" não são "reais", as mídias sociais não entregam resultados significativos. Seguidores, curtidas e "+1s" comprados proporcionam poucos benefícios duradouros, uma vez que não interagem com seu conteúdo e nem se interessam por ele. Você pode nunca ser pego adquirindo a própria entrada em uma mídia social, porém fazer isso é menosprezar seu carma, e carma é uma droga.

Há uma exceção no que diz respeito à nossa aversão a comprar a própria entrada: pagar para promover posts ou páginas no Facebook. É o modo como o Facebook trabalha — é o mesmo que comprar propaganda em outras mídias. No entanto, esse é o nosso limite.

104. Jamais peça que o sigam

Se quiser ter mais seguidores, conquiste-os com a qualidade de seus posts. Se Groucho Marx fosse vivo hoje, ele corrigiria a própria citação famosa e diria que as pessoas que lhe pedem para segui-las não valem a pena. Mantenha a dignidade, não se humilhe por seguidores e compartilhe material bom em grande quantidade.

Não confunda pedir às pessoas para segui-lo com adicionar links de mídias sociais a seu blog. Os links de mídias sociais são um convite sutil a segui-lo, o que não é a mesma coisa de tuitar: "Por favor, sigam-me."

105. Não peça que compartilhem seus posts

Se os posts tiverem qualidade, isso acontecerá de forma natural. Caso empregue todas as técnicas aqui explicadas, as pessoas lerão seus posts. E, se esses posts forem bons, as pessoas irão compartilhá-los. Simples assim. O único momento considerado aceitável para pedir que compartilhem é quando o post é de natureza filantrópica.

106. Nunca anuncie quem você parou de seguir

Ninguém se importa se você parou de seguir alguém. Isso equivale a ficar em pé no meio do refeitório da escola e anunciar que não é mais amigo de certa pessoa. Poucos deixarão de seguir alguém porque você fez isso. Então, lide com isso.

107. Sob nenhuma hipótese pergunte por que deixaram de segui-lo

Variar a combinação daqueles a quem segue é um processo contínuo; portanto, não entre em pânico quando deixarem de segui-lo. Se você questionar o motivo, é possível que perca ainda mais seguidores por levantar dúvida: *Talvez eu deva deixar de segui-lo também*. No mínimo, as pessoas o levarão menos a sério. Em vez disso, siga compartilhando, comentando e respondendo, e não pressione nem dê ênfase aos que foram embora.

108. Não seja um agenciador

As mídias sociais são uma ótima forma de promover seu produto, serviço ou site — é por isso que estamos fazendo todo este esforço. No entanto, você dará a impressão de ser um "sem-noção" se, dentre vinte posts, mais de um for promocional. Imagine se a NPR organizasse campanhas de doações a cada dia do ano.

109. Nunca xingue

Xingar é besteira. (Esperei um bom tempo para escrever algo tão brilhante.) Em algum lugar ao longo do caminho, xingar nas mídias sociais acabou se tornando um sinal de abertura, sinceridade e autenticidade. Vá entender. Linguagem vulgar, de baixo calão, é um indício de que você não é articulado, se não "sem-noção". Então, use-a raramente, a não ser que, por exemplo, queira fazer uma declaração forte sobre a otimização de sites para mecanismos de busca (SEO, na sigla em inglês).

110. Nunca se autoproclame um "guru" ou especialista

Caso seja um "guru" ou especialista, todos saberão disso. Se não for, não haverá quem acredite em você. Ser um "guru das mídias sociais" é um paradoxo porque, na verdade, ninguém sabe como as mídias sociais funcionam — incluindo Peg e eu!

Não importa o quão inteligente você seja, as melhores práticas sempre mudam, pois as plataformas alteram o modo como os respectivos sites atuam. Portanto, é necessário continuar experimentando. Também notamos que o pessoal menos provável de conduzir tais tentativas é o que se autodeclara especialista, achando saber tudo.

111. Não passe o controle para uma agência

Contratar uma agência digital que coloca dez pessoas em uma sala, mais parecida com um "centro de operação de guerra", a fim de "mensurar sentimento" junto com seu *ethos* da marca", levando 45 dias para redigir um tuíte, significa que este livro não foi útil para você.

Não passe o controle das próprias mídias sociais para "especialistas" com cem seguidores, que tuítam uma vez por mês e lhe cobram por seus serviços mais do que o PIB (produto interno bruto) de uma nação pequena. Uma boa regra é nunca aceitar o conselho de alguém com menos seguidores que você.

Se adotar nossas recomendações, não precisará de uma agência.

Caso siga nossas recomendações e *seja* uma agência, talvez agora possa justificar seus preços.

112. Não deixe suas mídias sociais nas mãos de um estagiário

O fato de ter encontrado um jovem que utiliza o Facebook e trabalhará por menos do que um colaborador de um restaurante fast-food não significa que deva contratá-lo para gerenciar suas mídias sociais. É o mesmo que dizer que ter um pênis faz de alguém um urologista ou possuir um carro torna alguém mecânico.

Não nos leve a mal: adoramos estagiários. Eles trazem novas visões e ânimo às mídias sociais. Apenas queremos assegurar que você leve as mídias sociais a sério e coloque gente qualificada para trabalhar nelas. Ao menos, faça os estagiários lerem este livro e, durante algumas semanas, monitore cada post e comentário que eles façam.

11. Como otimizar plataformas individuais

> *Os cinco Ps das mídias sociais: o Google+ é para paixões; o Facebook é para pessoas; o LinkedIn é para promover agenciamentos; o Pinterest é para "pinturas" ou fotos; o Twitter é para percepção. Vamos ver Philip Kotler superar isso.*
>
> GUY KAWASAKI

Adoramos guias de viagem que destacam, nas cidades, os lugares a serem visitados e o que não se pode deixar de fazer. Então, vamos adotar essa técnica a fim de oferecer dicas e truques para cada plataforma. Assim como as cidades, as plataformas apresentam nuances, as melhores práticas e *modus operandi*. O objetivo deste capítulo é ajudá-lo a otimizar sua experiência com cada plataforma.

113. Dicas para o Facebook

Entenda como funciona o EdgeRank

Nem todos que o seguem no Facebook visualizam tudo o que você compartilha nos respectivos News Feed. A teoria é que o Facebook não quer pessoas "atoladas" por posts; então, a plataforma recorre a indicadores como o número de comentários, o tipo de história, e a um tipo de "magia negra" a fim de decidir quais dos seguidores podem ver seus posts. O Facebook chama essa seleção de "EdgeRank" e supõe-se que o objetivo seja motivá-lo a se empenhar por uma interação maior, de modo que mais pessoas visualizem o que compartilha.

Minha opinião: não gosto da maneira como o Facebook atua, pois acredito que aqueles que o seguem de forma voluntária devem visualizar tudo o que você compartilha. Se compartilhar em excesso ou o que não gostam, é fácil deixar de segui-lo.

Utilize a aba Insights do Facebook

A aba Insights do Facebook fornece dados estatísticos no intuito de ajudá-lo a determinar o que está funcionando em sua conta. É possível usar esses dados para direcionar posts patrocinados, descobrir quais posts são populares, além de compreender a demografia dos seguidores.

Crie um link da sua conta do Instagram para a sua página do Facebook

É possível criar um link de sua conta do Instagram para a sua página do Facebook. Dessa maneira, quando compartilhar uma foto no Instagram, essa foto aparecerá automaticamente na sua página do Facebook. Lembre-se de que fez isso e não compartilhe, de forma inadvertida, uma foto no Instagram que não queira que todos no Facebook vejam.

Insira vídeos

Há notícias boas e ruins com relação a inserir vídeos no Facebook. O ruim é que esses vídeos aparecem em uma janela pequena. O bom é que são reproduzidos de modo automático no Feed de notícias das pessoas, chamando mais atenção. Considerando as duas questões, a inserção de vídeos é uma boa maneira de adicionar dramaticidade aos posts do Facebook, gerando interesse e emoção.

Interaja com outras páginas do Facebook

Nossos companheiros do Facebook nos disseram o seguinte: gestores de páginas devem compartilhar e comentar em outras páginas. Presume-se que tal ação aumente a frequência da exibição da página. Não sabemos se isso é verdade ou o quanto é importante, mas não custa nada tentar.

Experimente

Mais do que qualquer outra plataforma, não podemos imaginar como otimizar os posts do Facebook. Por exemplo, nosso objetivo é que todo post contenha uma imagem de grande proporção, quer as pessoas o leiam em um computador, dispositivo Android ou iOs e, até onde sabemos, isso é impossível. Recomendamos que siga tentando. Afinal, talvez com exceção de Mark Zuckerberg, ninguém sabe o que essa plataforma quer.

114. Dicas para o Google+

Pense duas vezes a respeito de criar uma comunidade

As comunidades do Google+ são ótimos locais para encontrar pessoas que compartilham suas paixões ou aprender sobre novos *temas*. Embora seja maravilhoso juntar-se a uma comunidade, pense bem a respeito de criar uma, pois irá gerenciá-la por muito tempo.

Já criei várias comunidades e não quero gerenciá-las mais. Uma comunidade pública funciona sozinha, mas uma comunidade privada necessita de alguém para aprovar quem quiser se juntar a ela.

De acordo com a analogia de Peg, criar uma comunidade é como adotar um cachorrinho: parece uma boa ideia no começo, mas, depois, você tem de limpá-lo e adestrá-lo. Além disso, quando crescer, é possível que deixe de ser uma gracinha.

Veja como o Google+ lê seus posts

Você sabia que o Google+ preencherá, de forma automática, uma hashtag? Compartilhe alguns posts no Google+ que incluam duas de suas melhores suposições em termos de hashtags. Então, dê uma olhada no que o Google+ adicionar como a terceira hashtag. Caso as adições do Google+ estejam erradas, é preciso alterar sua criação e curadoria de conteúdo. Por exemplo, se estiver tentando abranger designers, mas o Google+ achar que seu conteúdo é sobre viagem, você tem um problema (h/t Yifat Cohen).

Faça seu nome virar notícia

O Google Notícias seleciona notícias do mundo inteiro. As mais populares exibem um botão que diz: "Cobertura em tempo real." Clique nesse botão e, à direita da história, você pode postar um comentário no Google+. Outras pessoas verão seu comentário, e sua visibilidade para aqueles interessados no mesmo tópico aumentará (h/t Yifat Cohen).

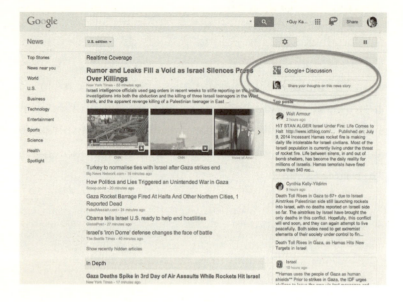

Use comentários e "+1s" para conduzir pesquisas de opinião pública

Você é capaz de conduzir pesquisas de opinião pública habilitando pessoas a clicar no botão "+1" após a leitura de comentários. Primeiro, poste uma pergunta e oriente as pessoas a marcar com +1 o comentário que melhor combine com as respostas delas. Depois, adicione cada possível resposta como um comentário em separado. Por fim, desative os comentários para que a única ação que as pessoas possam realizar seja marcar com +1 as próprias escolhas. Foi assim que selecionamos o título final da edição norte-americana para este livro.

A ARTE DAS REDES SOCIAIS | 151

Atenção: Até mesmo nossa enquete contava com uma imagem de grande destaque!

Use o Replies and More

Replies and More é a mais valiosa extensão do Google+ no mundo, e estou surpreso que o Google não tenha adicionado essa funcionalidade ao Google+. Essa extensão o habilita a responder a alguém e a disparar uma notificação para tal pessoa sem ter de digitar "@" e o nome dela. Esse procedimento aumenta a probabilidade de uma resposta.

Adicione um badge do perfil do Google+ a seu site

Você consegue inserir o badge de seu perfil do Google+ em seu blog ou site para facilitar a leitura de sua página no Google+. Uma alternativa é adicionar um botão de Seguir do Google+ caso queira ocupar menos espaço na página.

Estilize o texto

No Google+ é possível estilizar o texto em um post para dar um pouco mais de dramaticidade à mensagem.

- **Negrito.** Asterisco de cada lado: *seu texto*
- *Itálico.* Underline de cada lado: _seu texto_
- ~~Tachado~~. Hífen de cada lado: -seu texto-

Para facilitar, você pode usar a extensão do Chrome chamada Editor de Post, com opções de formatação em uma caixa de composição de mensagem.

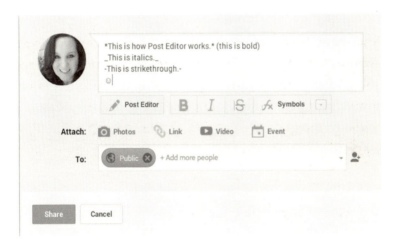

Você também pode acrescentar caracteres a seus posts recorrendo ao Copy Paste Character para aproveitar caracteres especiais, como e .

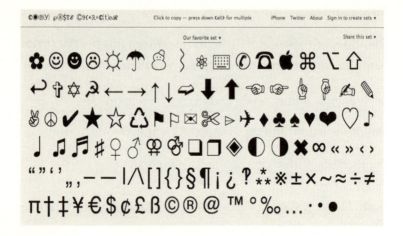

Use a hashtag do dia

Você pode "pegar carona" e usar as "hashtags do dia" da comunidade do Google+. Se compartilhar uma história sobre ciência no domingo, por exemplo, é provável que muitas pessoas a leiam, pois seguem a #ScienceSunday. Há várias hashtags do dia, como #Caturday, #StarWarsTuesday e #WordlessWednesday.

Conecte sua página do Google+ a seu canal do YouTube

Antes de fazer um Hangout on Air do Google+, conecte sua página do Google+ e seu canal do YouTube de modo que o HOA seja transmitido e arquivado. É possível realizar isso por meio do Google+ ou das configurações do YouTube.

Faça comentários em vídeos do YouTube

Quando membros do Google+ fazem um comentário em um vídeo do YouTube, o vídeo e o comentário aparecem em seus streams no Google+. Isso é bom para o criador do vídeo, pois os seguidores dessa pessoa conseguem ver o vídeo de novo em seu stream, e é bom para você porque acrescenta conteúdo ao seu próprio stream.

115. Dicas para Instagram

Mantenha a simplicidade

No Instagram você só pode compartilhar fotos e vídeos e apenas a partir de telefones móveis e tablets. Portanto, não pense demais. Tire fotos ou faça pequenos vídeos interessantes — a maioria de cenas da vida cotidiana —, inclua uma legenda espirituosa, de cinco a dez palavras, adicione duas ou três hashtags e compartilhe. Bum! Eis sua estratégia no Instagram!

"Pegue carona" nas hashtags populares

As hashtags no Instagram são de enlouquecer. Algumas hashtags populares com as quais você pode se deparar são #instagood, #instatravel e #latergram (para postar uma foto mais antiga). O ideal é adicionar duas ou três hashtags relevantes a seus posts.

Diferentemente de outras plataformas, você é capaz de se dar bem por acrescentar hashtags a um comentário buscando obter maior visibilidade. (Pareceria um "sem-noção" se fizesse isso em qualquer outra plataforma.) É possível encontrar as hashtags mais populares recorrendo ao Iconosquare. Uma ótima maneira de poupar tempo é salvar grupos de hashtags no Evernote para "copiar e colar" no Instagram.

TagsForLikes e Instatag são aplicativos direcionados a telefones que o ajudam a encontrar listas de hashtags populares de forma que você possa "copiá-las e colá-las" nos comentários de seu post no Instagram. Populagram é um site que posta hashtags populares, usuários, locações e filtros.

Sofistique os filtros

Os filtros do Instagram de maior popularidade são: Normal, Valencia, Earlybird e X-Pro II. Usá-los é uma aposta segura. Visando um "look personalizado", você pode usar mais de um aplicativo para processar as fotos. Use, por exemplo, o Camera+ de modo a tirar a foto e aplicar um filtro nela. Depois, recorra a um filtro secundário no Instagram.

No fim das contas, #NoFilter é uma das hashtags mais populares no Instagram.

Não importa qual seja sua estratégia de filtro, certifique-se de que as pessoas compreendam que os efeitos são intencionais e não achem que você está compartilhando uma foto ruim.

Não ostente

O universo só tolera um número limitado de selfies e de fotos de comidas e viagens. Portanto, evite fazer de sua conta do Instagram um local direcionado a se gabar. A mensagem subliminar correta é: *Compartilhe este momento comigo*, não *Olhe para mim, sou tão legal*. Use suas fotos a fim de contar histórias visuais e não seja exibido.

Compartilhe as fotos do Instagram no Twitter

Além de compartilhar posts do Instagram no Facebook, você pode compartilhar posts do Instagram no Twitter. Um serviço chamado If This Then That (IFTTT) conecta plataformas de mídias sociais disparando tal ação. Em outras palavras: um aplicativo de automação. Segue uma "receita" de IFTTT como amostra. Lembre-se: caso faça isso, toda foto do Instagram será tuitada.

Adicione um dispositivo do Instagram a seu blog ou site

Você pode acrescentar um dispositivo do Instagram ao próprio blog ou site para mostrar suas mais recentes obras-primas, estimular a atividade do Instagram e ganhar novos seguidores. Há dispositivos que criam slides de imagens para WordPress, mostras do photo grid para

WordPress e cópias antecipadas direcionadas a blogs e sites que não pertençam ao WordPress (h/t Marty McPadden).

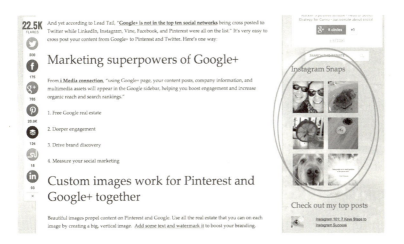

Crie colagens de fotos

Você pode adicionar efeitos variados às suas fotos no Instagram, criando uma colagem por meio de editores de imagens: Color Splash, Diptic, ou Snapseed. As colagens são uma boa maneira de compartilhar várias fotos ao mesmo tempo. Veja uma colagem no Instagram criada por Calvin Lee, o estrategista de marca dos Mayhem Studios, no Los Angeles Auto Show:

Use aplicativos para repostar no Instagram

Você consegue compartilhar fotos de outras pessoas no Instagram com o Repost for Instagram e com o Photo Repost. Esses aplicativos são uma ótima maneira para as marcas exibirem as fotos de seus clientes postadas no Instagram.

116. Dicas para o LinkedIn

Escreva uma solicitação de contato personalizada

Alguns anos atrás, o LinkedIn me disse que eu detinha o maior número de solicitações de contato pendentes nesta rede. Em geral, ignoro essas solicitações, pois poucas são personalizadas. Em vez disso, costumam começar com "Gostaria de adicioná-lo à minha rede profissional no LinkedIn", que é a mensagem padrão do e-mail enviado.

Se quiser que o LinkedIn atue como um meio de formar conexões, você precisa personalizar suas solicitações. Esteja ciente de que, ao mandar solicitações de contato por dispositivos móveis, você não tem a opção de personalizá-las; então, o melhor é realizar essa tarefa por computador.

Adote uma postura séria

A natureza séria e profissional do LinkedIn significa que o ideal é não compartilhar citações ou memes populares, como fotos de gatos. Você deve presumir que um potencial empregador ou parceiro empresarial verificará seus posts no LinkedIn algum dia. Não quero ser um desmancha-prazeres, mas você também não deve compartilhar um post no LinkedIn contendo um vídeo do YouTube com a intenção de entreter as pessoas.

Foque em um nicho específico

No LinkedIn, mais do que em outras plataformas, é útil manter o foco em alguns poucos *tópicos básicos* a fim de estabelecer liderança de pensamento. Eu compartilho conteúdo referente a inovação, empreendedorismo, escrita e tecnologia. Peg compartilha conteúdo relativo a mídias sociais, marketing e escrita. Nós dois compartilhamos outros artigos relevantes dos quais gostamos, mas o foco se mantém em nossos nichos.

Participe de grupos

Grupos são uma ótima maneira de conhecer pessoas de sua área de atuação e discutir *temas* relacionados à carreira. Você pode optar por receber notificações via e-mail referentes a conversas das quais esteja participando.

Adicione entrevistas por vídeo e HOA do Google+

Para manter seu perfil atualizado e interessante, basta acrescentar links às suas entrevistas por vídeo e aos Hangouts on Air. Ao fazer essas coisas, talvez se esqueça de disponibilizá-las no LinkedIn.

Compartilhe suas apresentações em SlideShare

Compartilhe suas apresentações em SlideShare como uma breve atualização do LinkedIn e também anexe-as a posts longos.

117. Dicas para Pinterest

Não pine fotos pessoais

O Pinterest não é o local para compartilhar fotos que você mesmo tirou a menos que seja um fotógrafo fantástico como Trey Ratcliff, tenha uma surpreendente coleção de carros como Jay Leno ou seja um blogueiro especializado em comida ou moda com fotos maravilhosas. Em outras palavras, para a maioria das pessoas, o Pinterest não é o Instagram.

Adicione extras do Pinterest

O Pinterest oferece estes extras para aumentar não só a sua experiência com a plataforma em si, mas também a de seus leitores:

- Pinterest para iOs, que possibilita visualizar e pinar a partir de um aparelho Apple;
- Pinterest para Android, de modo que você possa visualizar e pinar a partir de um aparelho Android;
- Um botão de "Pin it", a fim de ajudar as pessoas a pinar coisas de seu site ou blog;
- Um pin widget (dispositivo de pins), para inserir um de seus pins em seu site ou blog;
- Um widget (dispositivo) para inserir um frame com até trinta dos seus pins mais recentes em seu site ou blog.

164 | GUY KAWASAKI E PEG FITZPATRICK

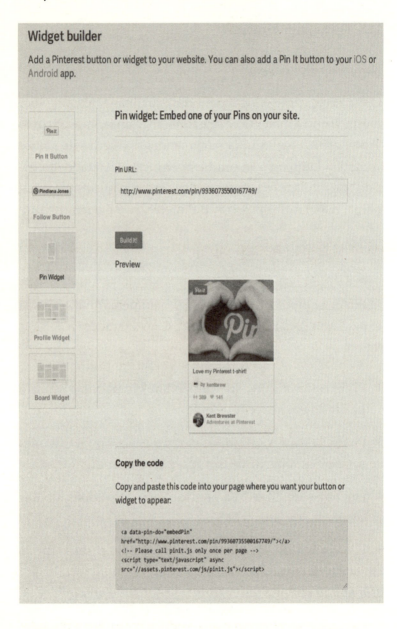

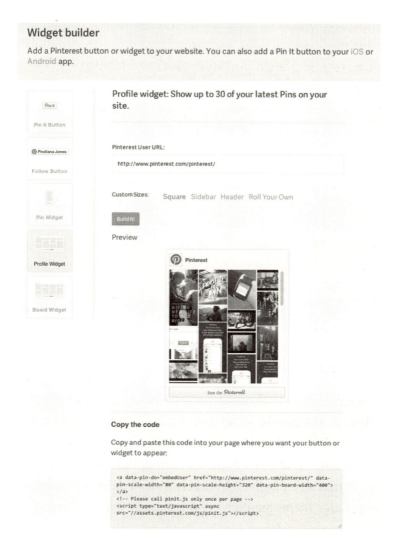

Use boards secretos

Você consegue colaborar com os outros em projetos privados por meio de boards (painéis) secretos. Também é capaz de construir boards ao longo do tempo, mantendo-os secretos e liberando-os quando tiver terminado.

Se estiver criando uma campanha no Pinterest, tenha em mente que precisa trabalhar em sentido inverso, isto é, de trás para frente. O pin que você deseja que apareça como o primeiro (no canto superior esquerdo) deve ser o último a ser adicionado.

Crie boards colaborativos

Com boards colaborativos, você consegue atingir os seguidores de outras pessoas no Pinterest e ter múltiplos pinners, ou seja, usuários da plataforma colocando pins e acrescentando comentários. Boards de grupos são recursos riquíssimos que ajudam os demais pinners e também lhe oferecem ótimos pins.

Ajuste a posição dos boards do Pinterest

Coloque o board de maior popularidade na parte superior a fim de mostrar o quanto você é interessante. Mova boards de feriados ou temáticos para a parte superior no intuito de destacá-los. Usando o Tailwind, um aplicativo de terceiros no Pinterest, é possível descobrir quais boards são os mais populares no momento e prestar atenção especial a eles.

Ajuste a posição dos pins nos boards

Você quer ter um pin em cada board, não todos em um só, e um pin em uma gama de boards; assim, quem verificar seu stream no Pinterest verá uma variedade de pins.

A natureza "atraente" do Pinterest demanda um stream constante de belos pins.

Adicione categorias e descrições

Cada título de board e descrição devem incluir palavras-chave que ajudarão as pessoas a encontrá-lo por meio da Busca Guiada. Informe a todos o tema do board de modo que possam decidir se gostariam de segui-lo.

Compartilhe os pins em outras mídias sociais

Tuíte seus pins e inclua links ao compartilhar conteúdo em outras plataformas sociais. Se as pessoas gostarem de um pin o bastante para compartilhá-lo, talvez queiram salvá-lo em um board delas mesmas no Pinterest.

Seja fiel

Não crie um board e o abandone após um pin. Boards com menos de dez pins são ineficazes. Caso crie um novo board, mantenha o foco nele por algumas semanas, pinando-o com regularidade.

Atualize as fotos de capa

Mantenha a página do Pinterest sempre atualizada, trocando as capas dos boards. Trace como meta criar uma mensagem visual, mais geral, que irá interessar outros pinners.

118. Dicas para SlideShare

Diferencie o SlideShare do PowerPoint

No SlideShare não é possível adicionar áudio; então, o ideal é que o público entenda sua mensagem apenas a partir dos slides. Por outro lado, uma pessoa costuma *apresentar* slides no PowerPoint, acrescentando sua performance oral à mensagem. Assim, torna-se arriscado meramente pegar os slides em PowerPoint e disponibilizá-los no SlideShare. Afinal, os slides em PowerPoint devem conter uma quantidade mínima de texto, de acordo com, pelo menos, um especialista.

Enquanto o formato ideal para PowerPoint contempla slides com um mínimo de texto acompanhados de uma explicação oral, o formato ideal para SlideShare leva em conta um texto autoexplicativo, pois é a única explicação que a maioria dos usuários do SlideShare verá.

Crie um título de página convincente

Outra diferença entre o SlideShare e o PowerPoint é que uma apresentação em SlideShare requer um título muito melhor do que o da apresentação em PowerPoint. Enquanto quase ninguém presta atenção ao título da página de uma apresentação em PowerPoint, porque todos os olhos estão voltados para o apresentador, o título da página de uma apresentação em SlideShare tem de inspirar as pessoas a continuar clicando.

Trace novos objetivos para seus antigos sucessos

Você pode prorrogar a vida da maioria dos posts de blog ao transformá-los em apresentações em SlideShare. Peg tem escolhido posts de blogs compartilhados meses atrás por mim e transformado-os em apresentações de grande sucesso no SlideShare. Por exemplo, escrevi um post para blog intitulado "The Art of Branding" ["A arte do desenvolvimento da marca"], que ela transformou em uma apresentação em SlideShare visualizada por 70 mil pessoas.

Dê todas as informações básicas

Ao fazer o upload de uma apresentação em SlideShare, assegure-se de fornecer todas as informações a seguir:

- **Título.** É o nome de sua apresentação. Deve incluir palavras-chave descritivas para atrair visualizações. Exemplo: "Pelo fim da glorificação da falta de tempo."

- **Descrição.** É um breve resumo que conta a história de sua apresentação, como foi originalmente exibida e com que objetivo. É possível utilizar até 3 mil caracteres. Ilustrando: "Publiquei um post sobre as principais conclusões às quais cheguei após ler o livro *A terceira medida do sucesso*, de Arianna Huffington. Essa apresentação é um resumo daquele post de blog e por que devemos acrescentar 'prosperar' como uma medida de sucesso na vida."

- **Categoria.** É a categorização mais ampla, ou principal, do assunto da apresentação. Há cerca de quarenta escolhas, como design, negócios, educação e tecnologia. O SlideShare recorre a essas categorias para organizar as apresentações em grupos lógicos.

- **Tags.** São os termos que ajudarão as pessoas a encontrar sua apresentação quando buscarem o SlideShare. Exemplos: "Arianna Huffington, negócio"; "Guy Kawasaki, liderança, sucesso, terceira medida, crescimento, equilíbrio, trabalho, vida, família." É possível adicionar até vinte tags à apresentação em SlideShare. Usar tags eleva a visibilidade em 30%, de acordo com a plataforma.

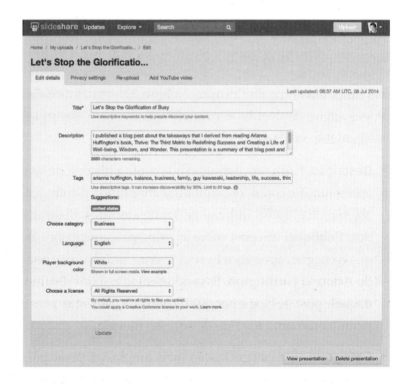

Inclua uma chamada para ação (CTA)

Você pode utilizar o último slide no intuito de oferecer links clicáveis direcionados a outras apresentações, também em SlideShare, a seu blog ou a um convite para segui-lo nessa plataforma de mídia social ou nas demais.

Compartilhe sua obra-prima

A apresentações em SlideShare ficam ótimas no Twitter, no Pinterest e no LinkedIn, mas não no Google+ e no Facebook. Quando compartilho uma apresentação em SlideShare nas duas últimas plataformas, faço uma captura de tela da página do título e forneço um link em vez de incluir a apresentação em si.

119. Dicas para o Twitter

Adicione uma imagem a seus tuítes

Uma imagem vale mil caracteres. Quais tuítes você acha que atraem mais atenção: aqueles com ou sem imagens?

Você pode adicionar até quatro fotos a um tuíte, o que é ótimo.

Tweets

Guy Kawasaki @GuyKawasaki · now
My day at Madame Tussauds in Sydney pic.twitter.com/Bk39NGlqLM

View photo

Jesus Alvarez @alvarezval · 24s
Ecommece: la multicanalidad para una atención al cliente más cercana wp.me/p31CXU-Lj

Ivan @ivan2266 · 25s
ift.tt/1IXVJEN via /r/pics ift.tt/1mP9ZFP Lightning Ridge Black Opal fb.me/3hTSWAv54

Stefanie Fauquet @MommyMusings · 25s
National Geographic photo du jour: ift.tt/n1qxxR #travel #photography NatGeo pic.twitter.com/Oy90SeQCiz

View photo

Para fazer isso, clique no ícone da câmera repetidas vezes.

Marque as pessoas nas fotos com tags

Você pode marcar com tags até dez pessoas por foto, e isso não afeta a contagem de caracteres. Quem for marcado receberá uma notificação, o que pode aumentar o engajamento.

Repita seus tuítes

No capítulo 3, expliquei como repetir meus tuítes quatro vezes aumenta o número de cliques por um fator de quatro ou mais. Mas esse conselho é tão contrário ao que a maioria dos especialistas afirma que eu quis reiterá-lo caso você não o tenha entendido da primeira vez — o que justifica a escolha por repetir tuítes.

Domine o endereçamento

Você tem de assistir ao filme *Chef* se o tema de mídias sociais lhe interessar, e deve ser fascinado por mídias sociais caso esteja lendo este livro. No filme, o chef de cozinha (@ChefCarlCasper) supostamente comete um erro de principiante ao censurar um crítico de restaurantes (@RamseyMichel) com seu tuíte: "@RamseyMichel você não saberia o que é uma boa refeição nem se eu me sentasse em seu rosto" (h/t Frank Sugino).

O tuíte viraliza e, primeiro, leva a um confronto com o dono do restaurante; depois, à demissão do chef. No entanto, o filme não é muito preciso, pois somente as pessoas que estivessem seguindo ao mesmo tempo o chef e o crítico teriam visto o tuíte. Além disso, o chef criou sua conta pouco antes de escrever o tuíte; portanto, não teria seguidores. Então, ninguém teria visualizado o tuíte a menos que o crítico o retuitasse.

Deixando de lado a licença poética, há uma lição importante aqui: domine o endereçamento de tuítes. Por exemplo, suponha que @CEOPerdedor tuíte: "@GuyKawasaki tirei fotocópias de *A arte do começo* para a minha equipe. Sou muito ousado ou idiota?" Esta tabela explica quem pode ver minha resposta, dependendo de como eu a endereço.

MEU TUÍTE	QUEM PODE VISUALIZÁ-LO
"@CEOPerdedor Você é um idiota muito ousado."	A princípio, apenas @CEOPerdedor e as pessoas que nos seguem visualizarão. Se alguém que nos segue retuitar minha resposta, meu tuíte pode ser disseminado.
".@CEOPerdedor Você é um idiota muito ousado." (Observe o ponto antes de "@CEOPerdedor".)	Qualquer um que me siga consegue visualizá-lo e deve intuir que se trata de uma resposta para @CEOPerdedor que eu quero que todos vejam.

(cont.)

MEU TUÍTE	QUEM PODE VISUALIZÁ-LO
"Você é um idiota muito ousado."	Qualquer um que me siga é capaz de visualizá-lo, mas não há como saber que se tratava de uma resposta especificamente para @CEOPerdedor. As pessoas talvez interpretem isso como se eu estivesse dizendo a todos os meus seguidores que eles são idiotas muito ousados.

Lembre-se de que, ao endereçar um tuíte com @nome, apenas você, o destinatário e as pessoas que os seguem estão aptos a visualizar o tuíte. Se quiser que o mundo inteiro veja o tuíte, adicione um ponto antes do nome. Ilustrando: ".@GuyKawasaki Adoro seus livros."

Ative notificações

Você consegue ativar notificações no Twitter para receber um e-mail quando coisas importantes acontecerem, como quando seus tuítes forem retuitados ou novas pessoas passarem a segui-lo. Isso o ajudará a dominar um pouco o enorme fluxo de informações do Twitter (h/t Ryan Mobília).

Os cartões do Twitter proporcionam uma aparência de mídia avançada aos tuítes. Tudo o que você tem de fazer é adicionar algumas linhas de código HTML a seu blog ou site. Então,

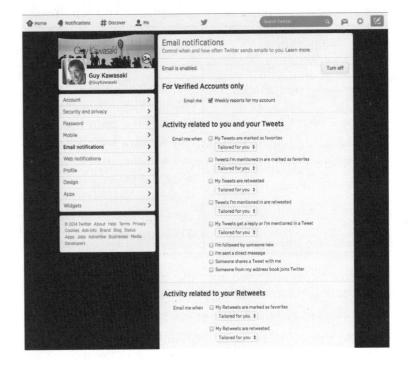

quando as pessoas tuitarem links direcionados a seu blog ou site, um cartão será anexado ao tuíte visível a todos os seguidores. Esse cartão pode conter até quatro fotos, um link para um aplicativo móvel, vídeo ou áudio, ou informação de um produto. Os cartões do Twitter também fornecem estatísticas a fim de ajudá-lo a aprimorar o desempenho dos próprios tuítes.

120. Dicas para YouTube

Complete seu perfil na seção "Sobre"

Complete seu perfil no YouTube no intuito de ajudar a convencer as pessoas a assistir a seus vídeos. Inclua palavras-chave e o agendamento de posts de modo que todos saibam o que esperar. Certifique-se de adicionar links a seu site e às suas contas de mídias sociais (h/t Tara Ross).

Crie um canal de trailers

Um canal de trailers é um spot publicitário para seu canal. Atua como uma forma padrão de "dar as boas-vindas" a quem visita a página inicial do canal. Em busca de inspiração, assista ao canal de trailers de Jeff Sieh.

Crie um vídeo com marcações de abertura e fechamento

Essas marcações são como um clip curto (três a quatro segundos) com um jingle e sua foto ou logotipo. Assista ao vídeo de Marques Brownlee, ilustrado abaixo, para visualizar o que queremos dizer. Essas peças curtas acrescentarão bastante profissionalismo a seus vídeos.

Organize seu conteúdo

Com as seções do canal, é possível personalizar, organizar e promover seu canal no YouTube. Vá até a página inicial do canal e clique em "Adicionar uma seção" para fazer isso.

Acrescente palavras-chave e descrições para cada vídeo

Insira palavras-chave e descrições claras de modo que seus vídeos consigam ser encontrados por meio de uma busca. Inclua os nomes das pessoas nos vídeos e garanta que todos estejam nas categorias apropriadas.

Responda a comentários

Talvez mais do que em qualquer outra plataforma, você deve responder a comentários no YouTube. Responder é a forma utilizada por pessoas de grande popularidade para obter seguidores no YouTube. Não há nada mágico ou misterioso com relação a isso — é um trabalho árduo.

Compartilhe com regularidade

Se for capaz de compartilhar regularmente em determinado dia da semana, você consegue "treinar" as pessoas para que retornem a seu canal — assim como os fãs da série *24 horas* sabiam que os episódios novos iam ao ar nas noites de segunda-feira.

Marie Forleo, por exemplo, cria vídeos fantásticos e os publica às terças-feiras, junto com uma atualização de e-mail e um post de blog para cada um deles. Isso cria uma expectativa em seus seguidores.

12. Como juntar tudo

*O tempo que você gosta de desperdiçar
não é tempo perdido.*

MARTHE TROLY-CURTIN

Este capítulo é um estudo de caso sobre como juntar tudo. Usaremos como exemplo o lançamento de um livro de não ficção, pois esse tipo de evento envolve inúmeros elementos de mídias sociais. Nem todas essas etapas se aplicam a qualquer situação, mas vale a pena ver uma lista completa de ideias.

Atenção: Não tente isto no trabalho. Esta estratégia é apenas para amadores destreinados. Caso você seja um especialista treinado, acostumado a semanas de montagem de estratégias, testes e criação de consenso em uma agência de grande porte, esta listagem acabará com você.

121. Construa a base

- Atualize todos os perfis, avatares e assinaturas de e-mail e estabeleça um padrão.

- Atualize todos os dados biográficos (Wikipédia, site, LinkedIn) e estabeleça um padrão.

- Crie páginas de autor na Amazon e no Goodreads.

- Ative o sistema de publicação de posts longos no LinkedIn.

- Elabore um kit de mídia que inclua a capa, textos promocionais, descrição, dados biográficos e fotos do autor. Tome como exemplo o kit do livro *APE: Author, Publisher, Entrepreneur — How to Publish a Book* .

- Desenvolva um site de uma página para o livro. Como exemplo, confira o site do livro *APE*.

- Crie alertas no Google para receber avisos sobre resenhas do livro, posts de blogs e demais menções do livro ou do autor.

122. Acumule seus ativos digitais

- Crie um clipe de introdução/encerramento, de três a quatro segundos, com a capa do livro para usar com todos os outros vídeos.

- Elabore um vídeo de trinta segundos sobre o livro. Veja o vídeo do *APE*.

- Produza vídeos de dois minutos relativos a cada capítulo.

- Escreva um post de blog, com quinhentas palavras, sobre cada capítulo.

- Redija um post longo para o LinkedIn, com mil palavras, resumindo o livro.

- Crie gráficos com 25 a trinta citações do livro.

- Faça uma apresentação em qualquer TEDx que o aceite.

- Providencie um exemplar do livro a quem prometer resenhá-lo.

- Crie uma apresentação em SlideShare referente a dez pontos-chave do livro.

123. Vá para o mercado

- Compartilhe, no mínimo, dois posts selecionados (em vez de criados) por dia e por plataforma.

- Compartilhe os posts de quinhentas palavras a uma frequência de duas vezes por semana, agendando-os de modo que o prazo expire uma semana antes da data de lançamento do livro.

- Compartilhe o post de mil palavras no LinkedIn na data de lançamento do livro.

- Compartilhe os vídeos de dois minutos a uma frequência de dois por semana, começando uma semana após o lançamento.

- Compartilhe os gráficos com citações a uma frequência de dois por dia, iniciando na data do lançamento.

- Marque um chat no Twitter durante a semana do lançamento.

- Marque um Hangout on Air de trinta minutos ao longo da semana do lançamento.

- Programe um Ask Me Anything (AMA) [Pergunte-me qualquer coisa] do Reddit no decorrer da semana do lançamento.

- Agende HOAs e podcasts com quaisquer blogueiros interessados.

Vale lembrar que esses recursos e etapas são destinados ao lançamento de um livro, mas ilustram o que se pode fazer com as mídias sociais para a maioria dos produtos e serviços. É uma lista longa e difícil de ser cumprida, porém não é uma tarefa impossível. Duas pessoas fazem isso, meros mortais como Peg e eu; então, você também é capaz de fazer.

Conclusão

Não chore porque acabou, sorria por ter acontecido.

DR. SEUSS
(OU GABRIEL GARCÍA MÁRQUEZ)

Às vezes, expandir as possibilidades do olhar em busca de inspiração ajuda muito. No nosso caso, encontramos Don Miguel Ruiz, um curador xamã e espiritualista na tradição tolteca, e seu filho Don Jose Ruiz.

Em *Os quatro compromissos: um guia prático para a liberdade pessoal* e em *O quinto compromisso: um guia prático para o autodomínio*, os dois adotam um código simples direcionado à conduta pessoal:

- Seja impecável com sua palavra.
- Não leve nada para o lado pessoal.
- Não tire conclusões.
- Faça sempre o seu melhor.
- Seja cético, mas aprenda a escutar.

Não poderíamos ter proposto recomendações tão perfeitas no que diz respeito ao uso das mídias sociais. Não importa o quanto elas mudem, esse código lhe será de grande valia.

Fizemos o nosso melhor no intuito de ajudá-lo a dominar a arte e a ciência das mídias sociais, e agora queremos que siga adiante e "agite" o mundo.

Guy Kawasaki (Guy@canva.com)
e Peg Fitzpatrick (Peg@pegfitzpatrick.com)

Lista de aplicativos e serviços

*A revolução não será televisionada...
mas há um aplicativo para isso.*

GARY WAYNE CLARK,
THE DEVOLUTION CHRONICLES: PASSAGE TO NIBURU
[AS CRÔNICAS DA DEVOLUÇÃO: PASSAGEM PARA NIBURU]

A

Alltop. Compilação de feeds de RSS, organizados por assunto.

B

Buffer. Plataforma de agendamento de conteúdo para mídias sociais.

C

Camera+. Aplicativo móvel de edição de fotografia.
Chrome. Navegador do Google para internet.
ClickToTweet. Serviço para adicionar links clicáveis de modo a enviar tuítes.
Color Splash. Aplicativo móvel de edição de fotografia.

Creative Commons. Organização sem fins lucrativos que habilita o compartilhamento de trabalhos criativos; mantém o front-end, isto é, tudo o que se refere à apresentação visual de um site, a fim de buscar outros sites de compartilhamento.

D

Diptic. Aplicativo móvel para iPhone e iPad com o objetivo de criar colagens de fotos.
Do Share. Extensão do Chrome para compartilhamento do Google+, direcionado a perfis pessoais do Google+.

F

Facebook. Plataforma de mídia social.
Feedly. Aplicativo e serviço de leitura de feeds de RSS.
Flickr Creative Commons. Coleção Flickr de fotos sob a licença Creative Commons.
Fotolia. Site de banco de imagens.
Friends+Me. Serviço de compartilhamento de conteúdo do Google+ com outras plataformas de mídias sociais.
Futurity. Serviço de agregação de notícias visando a pesquisa, todas oriundas de excelentes universidades.

G

Goodreads. Rede social dirigida a leitores e escritores.
Google+. Plataforma de mídia social.
Google Scholar (Google acadêmico). Mecanismo de busca cuja especialidade é procurar conteúdo acadêmico.

H

HangoutMagix. Site para criar overlays personalizados no terço inferior da tela, direcionados a Hangouts on Air do Google+.
HolyKaw. Site que apresenta compilação de histórias de interesse humano.
Hootsuite. Plataforma de monitoramento e agendamento de mídias sociais.

I

Iconosquare. Site de visualização do Instagram, acessado pelo navegador via desktop, para conteúdo popular.
IFTT (If This Then That — com base na declaração "se isso acontecer, então faça aquilo"). Utilitário para conectar sites diferentes de modo que atuem automaticamente.
Instagram. Aplicativo de mídia social de compartilhamento de fotos, de propriedade do Facebook.
Instatag. Aplicativo móvel para adicionar hashtags às fotos no Instagram.
iStockPhoto. Site de banco de imagens.

K

Klout. Site de mensuração da influência de usuários em mídias sociais e de curadoria de conteúdo.

L

LikeAlyzer. Serviço de análise e mensuração das páginas do Facebook.
LinkedIn. Plataforma de rede social profissional.

M

MailChimp. Serviço dirigido a listas de e-mails.

N

NPR (National Public Radio, rádio pública norte-americana). Serviço de notícias sem fins lucrativos.

P

Photo Repost. Aplicativo móvel para compartilhar fotos do Instagram de outras pessoas.
Pinterest. Plataforma de mídia social para compartilhar imagens.
Populagram. Serviço de visualização de fotos populares do Instagram no desktop do computador ou em um dispositivo móvel.
Post Planner. Aplicativo do Facebook para gerenciamento e curadoria de conteúdo.

R

Reddit. Serviço de notícias na internet gerado e avaliado pelo usuário.
Replies and More. Extensão do Chrome para o Google+ que aumenta o número de respostas a comentários.
Repost para Instagram. Aplicativo para Instagram com o objetivo de recompartilhar fotos.

S

SlideShare. Site para compartilhar apresentações.
SmartBrief. Serviço de curadoria e de agregação de notícias.

Snapseed. Editor de fotos para dispositivos móveis integrado ao Google+.
SocialBro. Serviço de monitoramento, mensuração e manutenção do Twitter.
Sprout Social. Serviço de gerenciamento e mensuração de mídias sociais.
Stocksy. Site de banco de imagens.
Storify. Serviço de compilação de histórias por meio de plataformas de mídias sociais.
Stresslimit. Plug-in de calendário editorial para blogs na plataforma WordPress.
StumbleUpon. Site para descobrir e avaliar conteúdo.

T

TagsforLikes. Aplicativo móvel com hashtags para Instagram.
Tailwind. Site de análise e agendamento de posts para Pinterest.
Tchat. Cliente de chat do Twitter.
TED e TEDx. Palestras motivacionais apresentadas em 18 minutos, no máximo.
Triberr. Comunidade de blogs que compartilha posts dos membros.
Tumblr. Plataforma de blog.
TweetDeck. Aplicativo para Twitter.
22Social. Aplicativo do Facebook para transmitir ao vivo, pelo Facebook, os Hangouts on Air do Google+.
Twitter. Plataforma de mídia social.
Twubs. Cliente de chat do Twitter.

W

Wikimedia Commons. Coleção de imagens, áudios e vídeos de domínio público e licenças gratuitas.

Wikiquote. Compêndio on-line gratuito de citações e suas fontes.

WiseStamp. Serviço de criação de assinaturas de e-mail personalizadas.

Y

YouTube. Site de compartilhamento de vídeos.

Índice remissivo

+1s, 138, 139, 150
+menção(ões), 126
@menção(ões), 70, 83, 133, 135
22Social, 127

Alltop, 32-34
  adicionar blogs ao, 96
  Most-Popular.alltop, 39
agência, não abdicar em favor da, 142-143
análises, 74-75
aplicativos e serviços, lista de, 189-194
Argyle Social, 83
Audi, 49-50
automatização da distribuição de posts, 65-71
  Buffer, 65
  Do Share, 66
  Friends+Me, 66-67
  Hootstuit, 67
  Post Planner, 67
  Sprout Social, 68
  Tailwind, 69
  TweetDeck, 69-70
atualizações em tempo real de eventos, 114

avatares, 15, 16-17
  focar o avatar em seu rosto, 16-17
  fotos assimétricas, usando, 17
  iluminação de fotos para, 18
  tamanho de fotos para, 18

Bacon, Francis, 119
Baer, Jay, 71
Bambi (filme), 138
Bincer, Ronnie, 123
bloquear trolls e spammers, 88
blogs e redes sociais,
  Alltop, adicionar blog ao, 96
  apresentação em Slideshare, converter blog em, 100-101
  botões de compartilhamento, uso de, 90-91
  embedar (inserir) posts de redes sociais em blog, 101-102
  encontros presenciais e, 103-104
  fazer a curadoria você mesmo, 90

fotos em links para o blog, uso de, 90
guest posts, escrever, 99-100
incluir links nas redes sociais para o blog, 90-92
incluir links no blog para as contas de redes sociais, 92-93
ingressar em redes de blogs, 101
integração de, 89-107
LinkedIn, integrar blog ao, 98-99
links ClickToTweet, 93-94
listas de e-mails, começar, 96-97
login social, habilitar, 103
opção de "Pinar para ver mais tarde", acrescentar, 94-95
post no Pinterest para cada post de blog, elaborar, 94
promover posts de blog, passos para, 105-106
blogs
dispositivos do Instagram, adicionar, 159-160
emblemas em perfis no Google+, adicionar, 153
redes sociais, integrar com (*Ver* blogs e redes sociais, integração de) blogs, integração de, 89-107
botões de compartilhamento, 90-91

Brownlee, Marques, 180
Buffer, 24, 30, 34
adicionar feeds de RSS ao, 48
automatizar a distribuição de posts com, 65-66
Buffer para negócios, 66

C. Joybell C., 108
capa, 15, 20
para HOAs, 123-124
para perfis, 15, 20
calendários editoriais, 28-30
Camera+, 157
Canva
criação de gráfico recorrendo à, 59
mantra da, 19
caracteres, 155
chats (bate-papos), Twitter, 131-136
digitar rápido e, 135
fazer um resumo, 135-136
ferramentas para, 80-81
hashtag, selecionar, 81-82
incluir @ e o nome de usuário em respostas, 135
preparar convidados para, 134-135
ser convidado para participar de, 135
chats (bate-papos) no Twitter, ser anfitrião, 131-136
Chef (filme), 176-177
Cho, Joy, 109
círculos, 43

Clark, Gary Wayne, 189
Clark, Katie, 113
cobertura ao vivo de eventos, 113-114
Cohen, Yifat, 148, 149
colagens de fotos, 160-161
Color Splash, 160
comentários, responder a. *Ver* responder a comentários
Commun.it, 83
comprar seguidores ou "likes" (curtidas), evitar, 138-139
comunidades, 43, 44, 147
concisão, de posts, 56
concordar em discordar, em responder a comentários, 86
Connor, Julie, 48
conteúdo, 27-50
  a partir do uso de listas, círculos, comunidades e grupos, 43-46
  aperfeiçoar posts (*Ver* posts, aperfeiçoar)
  boards (painéis) colaborativos, criar, 47
  calendários editoriais, uso de, 28-30
  criação de, 27-29
  curadoria, 29
  curadoria e serviços de agregação, 32-38
  feeds de RSS, adicionar, 48
  feriados e eventos, programar posts de que coincidam com, 48
  gerado por usuário, 49-50
  histórias já populares, compartilhar, 38-42
  leads, gerenciar, 46-48
  planejamento para, 28
  repostagem de, 31
  conteúdo de valor, oferecer, 52-53
  conteúdo gerado por usuário, 49-50
  conteúdo interessante, fornecer, 53-54
  conteúdo para, 27-50
  contexto dos comentários, 84-86
Cooper, Belle Beth, 34
Creative Commons, 190
curadoria e serviços de agregação, 32-38
  Alltop, 32-33
  Buffer, 34
  Feedly, 34
  Google Scholar (Google acadêmico), 34
  Holy Kaw, 35
  In Focus, 33
  Klout, 35
  Linkedin Pulse, 35-36
  NPR, 36
  programa *LinkedIn Influencer*, 35-36
  Reddit, 36
  SmartBrief, 37
  StumbleUpon, 38
  TED, 39
  The Big Picture, 33

Dalai Lama, 119, 123
Diptic, 160
Do Share, 66

Editor de Post, 154
eHarmony, 14
elementos visuais, de posts, 57-59
e-mails, 96-97
emblemas no perfil, 153
etiqueta para evitar parecer um "sem noção". *Ver* um "sem noção", etiqueta para evitar parecer
eventos, socializar, 110-117
   atualizações em tempo real, fornecer, 114
   audiência para, alcançar, 111-112
   cobertura ao vivo, via streaming, 112-113
   executivos, papel dos, 118
   fotografias, providenciar lugar para e compartilhar, 116-117
   hashtags, escolher e integrar, 111-112
   pessoa para se dedicar a, 112
   ponto de acesso sem fio, proporcionar, 116
   stream do Twitter, exibir, 114
eventos, de socialização, 110-117
eventos do Moto X, 110, 112, 116-117, 118

Evernote, 157
Everypost, 71
Excel, 29
excluir trolls e spammers, 88
exemplo de colocar toda uma estratégia para funcionar, 183-186

Facebook
   aba Insights do Facebook, 145-146
   agendar e automatizar a distribuição de posts para (*Ver* automatização da distribuição de posts)
   análises, 74
   capa para, 15, 20
   criar links da conta do Instagram para, 147
   dicas para otimizar, 145-147
   EdgeRank, 145
   Feed de notícias, 40, 145, 146
   grupos, 44
   hashtags, uso de, 63
   interagir com outras páginas, 146
   Linhas do tempo, 23-24
   listas, 43
   pagar para promover posts no, 72, 140
   páginas, 23, 24
   tamanho dos posts para, 56
   Trending Topics, 40
   URLs personalizados, uso de, 22-23

vídeos, embedar (inserir), 146
fazer *pitches* com guest posts, 99-100
FedEx, mantra do, 19
Feedly, 34
feed Atom, 48
feeds de RSS, 48
filtro Earlybird, 157
filtro Normal, 157
filtro Valencia, 157
filtro X-Pro II, 157
filtros, 157-158
Fitzgerald, F. Scott, 110
Flare, 91
Flickr Creative Commons, 190
Flipboard, 34
fones de ouvido, 122
Forleo, Marie, 182
fotografias, 57-59
   em links integrando blog e redes sociais, 90-91
   eventos de socialização e, 116-117
   fontes de, 59
   para avatares, 15-16
   para capas ou cabeçalhos, 15, 20
Fotolia, 190
Friends+Me, 66
Futurity, 34

García, Héctor, 74
Godin, Seth, 89
Goodreads, 184

Google
   mantra do, 19
   otimização de sites para mecanismos de busca e, 77-78
   What's hot, 39
Google+
   adicionar emblemas do perfil a seu blog ou site, 153
   caracteres, usar, 155
Google (*cont.*)
   agendar e automatizar a distribuição de posts para (*Ver* automatização da distribuição de posts)
   busca, 44-45
   canal do YouTube, conectar página ao, 155
   círculos, 43
   comunidades, 43, 147
   capa para, 15, 20
   dicas para otimizar, 147-156
   Google Notícias, comentar no, 149
   Hangouts, 112
   Hangouts on Air (HOAs) (*Ver* Hangouts on Air (HOAs)
   hashtag do dia, usar, 155
   hashtags, uso de, 63
   páginas, 23-24
   pesquisas de opinião pública, usar comentários e +1s para conduzir, 150
   perfis, 23-24

Replies and More, usar, 152
tamanho dos posts para, 56
texto, estilizar, 153-154
URLs personalizados, uso de, 22
verificar como seus posts são lidos pelo, 149
vídeos do YouTube, comentar em, 156
Google Alerts, 83
Google Docs, 29
Google Notícias, 149
Google Scholar (Google acadêmico), 34
Google Trends, 39
grupos, 43, 44, 163
guest posts, 99-100

HangoutMagix, 125
Hangouts, 119-120
Hangouts na vida real (H.I.R.L.s), 104
Hangouts on Air (HOAs), 119-130
  cabeçalho personalizado para, 123-124
  check-list para ajudar os palestrantes a se prepararem, 128-129
  começar cedo, 128-129
  convidar palestrantes por e-mail, 126
  efeito "moiré", evitar, 130
  ensaio, conduzir, 128-129
  equipamento para, 121-122
  estruturação de, 122
  fundo de cena para gravação, 122
  habilitar as pessoas a assistir em mais lugares, 127
  LinkedIn, adicionar HOAs ao, 163
  overlay personalizado no terço inferior da tela para, 125
  página de evento para, 123
  trailer para, 124
  usar roupas lisas, 12
Hangout Toolbox, 125
Hangouts on Air (HOAs) do Google+, executar, 119-130
hashtags
  aperfeiçoar posts e, 61-62
  eventos de socialização e, 111
  Facebook, uso de no, 63
  Google+, uso de no, 63
  Instagram, uso de no, 63, 156-157
  menções *versus*, para responder a comentários, 83
  para chats (bate-papos) no Twitter, 133
  Pinterest, evitar o uso de no, 63
  Tumblr, uso de no, 63
  Twitter, uso de no, 63
HASO (blog), 47
hat tip (h/t = tiro o chapéu para), 42, 57
Hawk, Thomas, 44

H.I.R.L.s (Hangouts in Real Life / Hangouts na vida real), 104
HOAs. *Ver* Hangouts on Air (HOAs)
Holy Kaw, 35
Hootsuite, 30
   adicionar feeds de RSS à, 48
   análises, 75
   automatizar a distribuição de posts com a, 66
   monitorar comentários com a, 83
HubSpot, 29, 99
Huffington, Arianna, 170
Huffington Post, 99

Iconosquare, 157
If This Then That (IFTTT), 158
iluminação, 122
In Focus, 33
Instagram, 50
   adicionar dispositivo do Instagram a blogs e sites, 159-160
   aplicativos para repostar, usando, 161-162
   colagens de fotos, criar, 160
   compartilhar fotos no Twitter, 158
   criar links para a página do Facebook, 146
   dicas para otimizar, 156-161
   filtros, uso de, 157-158
   hashtags, uso de, 63, 158
   ostentar, evitar, 158

Instatag, 157
iStockphoto, 191

janela anônima, 26, 78

Kawasaki, Guy, 144
Kay, Michelle, 104
Klout, 35

leads, gerenciar, 46-48
Lee, Calvin, 160
LikeAlyzer, 74, 77, 191
"likes" (curtidas), 31, 138-139
LinkedIn
   agendar e automatizar a distribuição de posts para (*Ver* automatização da distribuição de posts)
   apresentações em Slideshare, compartilhar, 163
   capa para, 15, 20
   dicas para otimização, 161-163
   entrevistas por vídeo, adicionar, 163
   grupos, 44, 163
   Hangouts on Air do Google+, adicionar, 163
   integrar blog ao, 98-99
   natureza séria e profissional do, 162
   nichos, focar em, 162
   personalizar solicitações de conexão, 161-162
   URLs personalizados, uso de, 22

LinkedIn Pulse, 35
links, 15
   das redes sociais para o blog, 90-92
   do blog para as contas de redes sociais, 92-94
   links ClickToTweet, 94-95
   para fonte de conteúdo selecionado, 56-57
   sociais, 140-141
links ClickToTweet, 93
links sociais, 140-141
listas com marcadores, para texto, 59
listas de e-mails, 96-97
listas numeradas, para texto, 59
login social, 103

MailChimp, 96, 97
mantra, 19
MarketingProfs, 99
Márquez, Gabriel García, 187
Marx, Groucho, 140
McPadden, Marty, 160
microfones, 122
mídias sociais. *Ver também* sites específicos de mídias sociais
Mobilia, Ryan, 178
"moiré" (efeito), 127
Most-Popular.alltop, 39

National Public Radio (NPR), 36, 52
Nike, mantra da, 19
nomes de tela, selecionar, 14

O quinto compromisso: um guia prático para o autodomínio (Ruiz & Ruiz), 187
Os quatro compromissos: um guia prático para a liberdade pessoal (Ruiz & Ruiz), 187
opção de "Pinar para ver mais tarde", 94-95
otimização de sites para mecanismos de busca (SEO), 77-78
otimizar plataformas individuais, 144-182
   Facebook, 145-147
   Google+, 147-156
   Instagram, 156-161
   LinkedIn, 161-163
   Pinterest, 164-168
   SlideShare, 169-172
   Twitter, 172-179
   YouTube, 179-182
organização de conteúdo, 59
Orwell, George, 51
overlays, 125
overlays personalizados no terço inferior da tela, 125

pagar para promover posts, 72-73, 138-139
Pageau, Gary, 83
página de evento, 123
pessoas que você parou de seguir, 141
perfis, 13-26
   avatares, uso de, 15, 16-17
   capa ou cabeçalho para, 15, 20

completar, 23
mantra, elaborar, 19
mesma foto em todo o site, uso da, 19
nomes de tela, escolher, 14
objetivo dos, 13-14
plataformas para informação pessoal, 14-15
profissionais, 23-24
taglines, elaborar mantra para, 19
URLs personalizados, usar, 22
visualização anônima de, 26
visualizações rápidas, otimizar perfil para, 14-15
perfis, criar, 13-26
perfis profissionais, 23-24
Photo Repost, 161
Pinterest
  aplicativos para repostar, usando, 161
  boards (painéis) colaborativos, 46, 167
  busca guiada, 41
  categorias e descrições, adicionar, 168
  compartilhar fotos no Twitter, 158
  dicas para otimizar, 164-168
  extras para aumentar a experiência no, 164-165
  fotos de capa, atualizar, 168
  fotos pessoais, evitar postar, 164
  hashtags, evitar o uso de, 63
  ostentar, evitar 158
  posts de blog, pinar, 94
Pinterest (*cont.*)
  boards secretos, usar, 166-167
  compartilhar pins em outras redes sociais, 167
  dicas para otimizar, 164-168
  pins populares, 40-41
  rotacionar boards no, 166
  rotacionar pins em boards, 167
planejamento, para marketing de conteúdo, 28
plataformas, migrar para novas, 109
ponto de acesso sem fio para eventos, 116
Populagram, 157
postagem ativa, 63-65
Post Planner, 67
posts, aperfeiçoar, 51-78
  ajudar outros e, 71
  análises e, 74-76
  arrojo e, 55-56
  automatização da distribuição de posts, 65-71
  concisão e, 56
  conteúdo de valor, fornecer, 52-53
  conteúdo interessante, fornecer, 53-55
  curiosidade e, 76-77
  elementos visuais dos, 57-59
  hashtags, uso de, 61-63

incluir links para fontes de conteúdo selecionado e, 56-57
multilinguismo e (falar vários idiomas), 74
número de posts por dia, 63-65
organização de conteúdo, 59
pagar para promover posts, 72-73
programação de posts, 71
títulos e, 60, 61
traduzir notícias para outro idioma, 74
visualização anônima de, 78
posts arrojados, 55
posts em vários idiomas, 74
programa LinkedIn Influencer, 35
programação de posts, 71
promover posts
   pagar para promover posts, 72-73, 138-140
   posts de blog, 105-106
   posts de mídias sociais, 72-73
PowerPoint, 169

"Quick Tips for Great Social Media Graphics" ["Dicas rápidas para ótimos gráficos de mídias sociais", em tradução livre] (Kawasaki), 21

Ratcliff, Trey, 104
Reddit, 36
redes de blogs, 101
relatar trolls e spammers, 88
Replies and More, 152
Repost for Instagram, 161
repostar conteúdo, 31
repostar, não pedir às pessoas para, 140
responder a comentários, 79-88
   audiência para, 84
   comentários no YouTube, responder a, 182
   concordar em discordar, 86
   contexto de comentários e, 84-85
   excluir, bloquear e relatar trolls e spammers, 88
   fazer perguntas ao, 86-87
   ferramentas para, 80-83
   limitar número de respostas, 87
   menções *versus* hashtags para, 83
   positivo, permanecer, 86
respostas positivas a comentários, 86
Roosevelt, Theodore, 13
Ross, Tara, 180
Ruiz, Don Jose, 187
Ruiz, Don Miguel, 79, 187
Russel, Bertrand, 137

Sallan, Bruce, 115
Santos, Silvino, 103
SeeEye2Eye, 122

seguidores
    analisar características dos, 74-75
    conseguir mais, 108-109
    pagar por, 72-73, 138-139
    pedir, evitar, 139
    responder a comentários de (*Ver* responder a comentários)
seguidores, conseguir, 108-109
    dizer às pessoas o que compartilhar, evitar, 137
    estagiário, não dedicar suas mídias sociais a, 143
    "guru" ou especialista, evitar se autoproclamar, 142
    por que deixaram de seguir você, evitar perguntar, 141
    quem você parou de seguir, evitar anunciar, 141
    "sem noção", etiqueta para evitar parecer um, 137-143
    ser um agenciador, evitar, 141
    xingar, evitar, 142
"sem noção", evitar parecer alguém, 138-143
Sendible, 71
ser um agenciador, 141
serviços, lista de, 189-194
serviços de agregação. *Ver* curadoria e serviços de agregação

ShareThis, 91
Sieh, Jeff, 124, 180
sites
    dispositivos do Instagram, adicionar, 159-160
SlideShare
    antigos sucessos, traçar novos objetivos, 169-170
    chamada para ação, incluir, 172
    converter blog em apresentações em, 100-101
    dicas para otimizar, 169-172
    embedar (inserir) em outras redes sociais, 172
    informação básica, fornecer, 170-171
    LinkedIn, compartilhar apresentações no, 163
    página de título, criar, 169
    PowerPoint diferenciado, 169
SmartBrief, 37
Smith, Mari, 71, 100, 122, 127
Snapseed, 160
SocialBro
    análises, 74-76, 77
    monitorar comentários com, 83
Social Mention, 83
SocialOomph, 71
spammers, 88
Speedtest, 116
Sprout Social, 30
    adicionar feeds de RSS ao, 48

agendar a distribuição de posts com, 68
análises, 75
monitorar comentários com, 83
Stelzner, Michael, 103
Stocksy, 193
Storify, 136
Stresslimit, 31
StumbleUpon, 38
subreddits, 36
Sugino, Frank, 177

taglines, 19
TagsForLikes, 157
Tailwind, 69, 77, 167
Taylor, Alan, 33
Tchat, 115, 132
TED, 38
TEDx YouTube, 38
TED YouTube, 38
temas perenes, 42
texto, estilizar, 153-154
texto biográfico, 15
The Big Picture, 33
The Verge, 114
Tinder, 14
títulos, para posts, 60-61
traduzir notícias para outro idioma, 74
trailers, 124
Triberr, 101
trolls, 88
Troly-Curtin, Marthe, 183
Tumblr
gerenciar leads com, 46-47

hashtags, uso de, 63
Tutu, Desmond, 119, 123
Twain, Mark, 27
TweetDeck, 69, 70, 83, 133
tweetups, 104
Twelveskip, 97
Tweriod, 77
Twitter
agendar e automatizar a distribuição de posts para (*Ver* automatização da distribuição de posts)
análises, 74
cabeçalho para, 15, 20
cartões, 178-179
chats (*Ver* chats — bate-papos — no Twitter)
endereçamento de tuítes, 176-178
eventos, exibir tuítes sobre, 114-115
fotos do Instagram, compartilhar, 158-159
gráficos, adicionar, 172-179
hashtags, uso de, 63
listas, 43
monitorar comentários no, 80-81
notificações, ativar, 178-179
repetir tuítes, 63-64
tamanho dos posts para, 56
Twitter (cont.)
dicas para otimizar, 172-179
marcar as pessoas nas fotos, 175
Twubs, 115, 132

URLs personalizados, 22
usar listas, 43
uso de calendários, 28-31

ViralTag app, 67
visualização anônima
   de perfis, 20
   de posts, 78

webcams, 122
Wentz, Pete, 131
What's hot, 39
Wikimedia Commons, 193
WiseStamp, 97
WordPress, 91, 159, 160

xingar, 142

Yankovic, Al, 55
YouTube
   canal de trailers, criar, 180
   comentar em vídeos, 156

   compartilhar com regularidade, 182
   conectar página do Google+ ao, 156
   conteúdo, organizar, 181-182
   dicas para otimizar, 179-182
   HOAs, transmissão de, 123
   palavras-chave e descrições, acrescentar, 181
   perfil, completar, 179-180
   responder a comentários, 181
   vídeos com inserções no início e ao final, criar, 180

Zendesk, 68

best.
business

Este livro foi composto na tipologia Palatino LT Std Roman,
em corpo 11/16, e impresso em papel off-white, na Lis Gráfica.